北京市属高等学校高水平教学创新团队建设支持计划项目
(The Project of Construction and Support for High-Level Teaching Teams of Beijing Municipal Institutions)

农林高校专业课程融入思政教育的探索实践

——北京农学院生物与资源环境学院课程思政优秀案例

主　编　袁中立
副主编　赵汗青　俞　涛　赵筱萌

中国农业出版社
北　京

前　言

习近平总书记在2016年全国高校思想政治工作会议上强调，要用好课堂教学这个主渠道，各门课程都要守好一段渠、种好责任田。学界普遍认为习近平总书记在全国高校思想政治工作会议上的讲话是“课程思政”的缘起。2017年教育部印发《高校思想政治工作质量提升工程实施纲要》，提出要“大力推动以‘课程思政’为目标的课堂教学改革，优化课程设置，修订专业教材，完善教学设计，加强教学管理，梳理各门专业课程所蕴含的思想政治教育元素和所承载的思想政治教育功能，融入课堂教学各环节，实现思想政治教育与知识体系教育的有机统一”。之后，“课程思政”在高校成了高频词，成为高校加强思想政治工作和教育教学改革的一个新热点，成为高校落实好立德树人、培养社会主义建设者和接班人的根本任务，成为构建“三全育人”工作体系的一个重要载体。

近几年，一些地区和高校已在“课程思政”建设方面形成了值得借鉴的成功经验。北京农学院生物与资源环境学院在学习借鉴的基础上，将推进“课程思政”作为学院“三全育人”工作体系的重要内容，积极引导教师开展“课程思政”教育教学改革，对农林院校专业课程如何发挥思想育人功能进行了探索实践。学院党委坚持把思想政治工作摆在重要位置，不断构建并完善“三全育人”工作格局，把“课程思政”纳入学院党建重点工作和“三全育人”工作重要内容，对如何进行“课程思政”建设开展理论与实践研究。同时，学院党委还指导教师把推进“课程思政”作为加强教师党支部建设的新载体，在教师队伍建设、课程建设、课堂教学中发挥党建引领作用。2019年学院确定了4门专业基础课程，开展“课程思政”教学改革试点，由党员教师先行示范。2020年底，学院“课程思政”教育教学改革覆盖学院开设的全部课程。目前，有1门本科课程、1门研究生课程入选北京高校“课程思政”示范项目，7项课程思政教学案例获评全国高等农林院校课程思政优秀案例，12门课程案例入选学校“课程思政”建设优秀案例。

北京农学院生物与资源环境学院“课程思政”建设坚持遵循思想政治工作规律、教书育人规律、学生成长规律，紧密结合课程内容、学科专业特点和学校特色，多角度挖掘思政元素，努力把做人做事的基本道理、把社会主义核心价值观的要求、把实现民族复兴的理想和责任融入专业课程教学，突出农科特色，紧跟形势政策，注重价值观培养，积累了一些在农林高校专业课程中融入思政教育的优秀案例。为总结课程思政建设成果，特汇编《农林高校专业课程融入思政教育的探索实践——北京农学院生物与资源环境学院课程思政优秀案例》。

由于编写水平有限，难免存在疏漏和不妥，衷心希望广大读者批评指正。

2023年10月

目　　录

《植物生理学》“课程思政”教学案例

课程编号：40133003 **课程类别：专业基础课**

适用专业：植物保护、资源环境科学、园艺、农学、园林、林学

执 笔 人：杨明峰

参加人员：段留生、马兰青、李晶、彭真、高月荣

1. 案例主题：绿水青山就是金山银山——光合作用的生理和生态。

2. 结合章节：《植物生理学》第 3 章《光合作用》第 5 节《影响光合作用的因素》。

3. 案例意义：植物光合作用在能量转化、有机物合成、维持大气平衡方面具有重要意义。光合作用所固定的能量是地球上所有生物所需能量的来源；光合作用产生的有机物是食物和工业原料的直接或间接来源；光合作用可以调节 O_2 和 CO_2 的平衡。温室效应对光合作用、作物产量和社会经济有长期影响，而保护植物资源、维护生态平衡可以有效抑制温室气体增长。通过以上认知以及对光合作用与碳达峰、碳中和关系的讨论，学生可以充分领会“绿水青山就是金山银山”理论的深刻含义，懂得这个理论不但具有生理生态理论基础，还为预防温室效应、保护生态环境、促进国家长期稳定健康发展指明了方向，从而发自内心热爱国家、拥护党的政策，提高跟党中央保持一致的自觉性和主动性。

4. 案例描述：

教学方法和教学设计（图 1）：

（1）复习光合作用的内容、光合作用的基本过程。

（2）提出问题：温室效应对光合作用有什么影响？引导学生思考影响光合作用的因素。学生小组讨论温室效应的两个最重要的影响因素——二氧化碳和温度，对光合作用和呼吸作用会产生什么影响，进而设想温室效应加剧又将如何影响这些过程？温室效应加剧对不同光合途径作物（C_3、C_4、CAM）的光合效率及产量有什么影响?

（3）国情讨论：碳达峰、碳中和。结合光合作用的生理生态原理讨论如何利用不同生物的光合作用助力碳达峰、碳中和。

（4）通过以上学习讨论，最终能够很好地理解“绿水青山就是金山银山”理论的深刻含义和对我国长期稳定健康发展的重大意义。

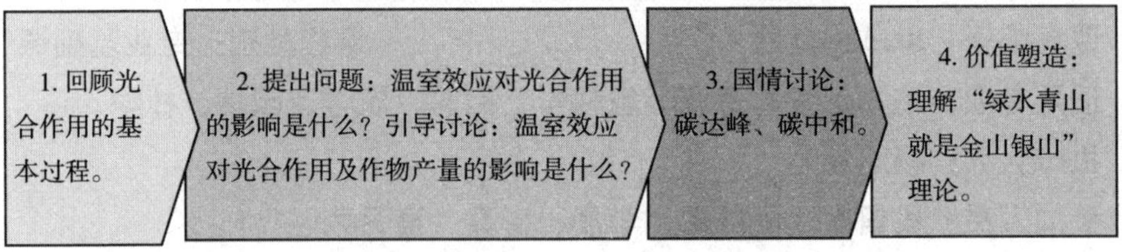

图 1　教学方法与教学设计

课程思政点：

人类为了获得能源而持续燃烧化石燃料，正在导致大气 CO_2 浓度迅猛增长，因此需要讨论一个非常重要的世界性问题——温室效应与光合作用的关系。通过学习光合作用的生理生态效应机理，学生充分领会“绿水青山就是金山银山”理论的含义，懂得良好的生态环境既是自然财富，也是经济财富，绿色发展方式促进经济发展和环境保护双赢，构建经济与环境协同发展的美丽家园。

教学内容（图 2）：

（1）复习光合作用：太阳能转化为有机物化学能的过程是一个包括电子传递和光合碳代谢的复杂过程。

（2）提出问题“温室效应对光合作用有什么影响?”让学生思考温室效应与光合作用的关系。

在自然条件下，光合作用是在完整的有机体中进行的，而这些有机体不断地对体内和外界发生的各种变化作出响应。这种响应可以从植物生理、生态和农学三个方面来理解。生理水平上理解光合作用过程是关注植物怎样直接响应 CO_2 浓度、温度、大气湿度、土壤水分等环境因子的变化。生态水平则从适应和进化的角度，理解在不同环境中光合速率和光合能力的变化。农学方面关注光合作用进程对环境条件的依赖性，因为动态变化环境中的光合速率在很大程度上决定着作物产量。

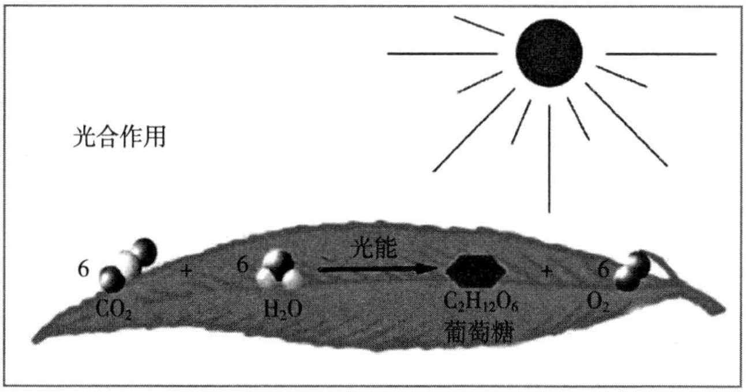

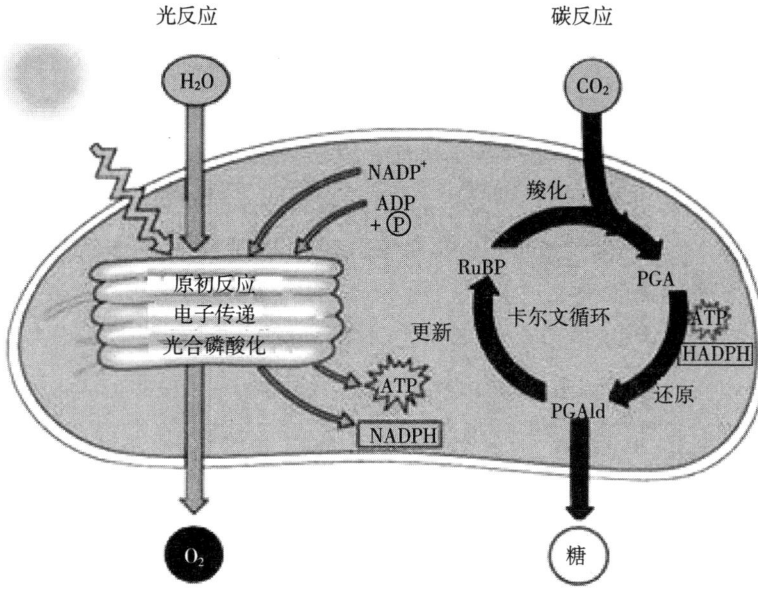

图2 光合作用的过程

通过测定南极流动冰川上空气泡内的空气，可以得到过去40万年里的CO_2浓度值，而目前的CO_2浓度几乎是当时的2倍。主要是工业革命以来，因为化石燃料如煤、石油和天然气的燃烧，大气中的CO_2浓度每年增加1～3μmol/mol，如果仍然按目前的规模继续燃烧化石燃料，到2100年，大气中的CO_2浓度将达600～750μmol/mol。随着CO_2浓度增高，温室效应加剧，伴随而来的升温、缺氧、土壤沙化等对不同光合类型（C_3、C_4、CAM）的植物影响很复杂，影响作物的叶片结构、CO_2同化速率、量子产额、光合放氧量、净光合速率、气孔开度、蒸腾速率，多个影响因素都包括正效应和负效应。其中温室效应的两个最直接因素（温度和 CO_2 浓度）对作物光合作用及产量的影响是目前的研究热点。研究表明，C_4 植物的光合作用最适温度为 40℃左右，C_3 植物的光合作用最适温度为 25℃左右，地球升温对大多数北方农作物光合作用有一定的负面影响。CO_2 对 C_3 植物影响复杂，一方面高 CO_2 浓度似乎有利于 C_3 植物的光合碳固定，另一方面高 CO_2 浓度会引起气孔关闭，高温使 CO_2 在植物光合细胞周围溶解度下降，这是不利于碳固定的因素。这些研究对将来农业发展具有非常重要的意义。

（3）国情讨论：碳达峰、碳中和。

2020 年 9 月，我国在联合国大会上提出“二氧化碳排放力争于 2030 年前达到峰值，努力争取 2060 年前实现碳中和”的生态建设目标。碳中和一般是指在一定时间内直接或间接产生的温室气体（通常指 CO_2 当量）排放量，通过森林碳汇、节能减排和地质封存等诸多形式或途径，抵消其自身产生的碳排放，进而实现温室气体的“零排放”。

碳源（carbon source）是指 CO_2 产生之源，指人类活动的区域和自然界中向大气层释放碳的源头；碳汇（carbon sink）是指自然界中碳的寄存体，一般是指从空气中清除 CO_2 的过程、活动、机制。减少碳源一般通过减排 CO_2 实现，增加碳汇则主要采用生物固碳技术和方法。森林是陆地生态系统的主体，年固碳量约占整个陆地生态系统的 2/3，森林在调节全球碳平衡、减缓大气中 CO_2 等温室气体浓度上升以及应对气候变化等方面具有不可替代的作用。我国通过人工林生态系统吸收了同时期人为碳排放的 45%。加强保护森林、灌丛、草地、湿地、海藻等不同生态，充分发挥不同植物的光合性能，促进光合作用能量转换、有机物合成和固定 CO_2，同时释放 O_2，保护臭氧层，降低强烈的紫外辐射对生物的伤害，形成绿水青山的良好环境。

我国要大力发展绿色产业保护植被生态，发展设施农业、林下经济，实行废弃物再利用，减少温室气体排放，实现碳达峰、碳中和，促进乡村振兴，提高人们的生活水平。

（4）小结（图 3）：绿水青山（光合作用与环境相互影响）就是金山银山（生态经济良性循环，国家可持续发展）。

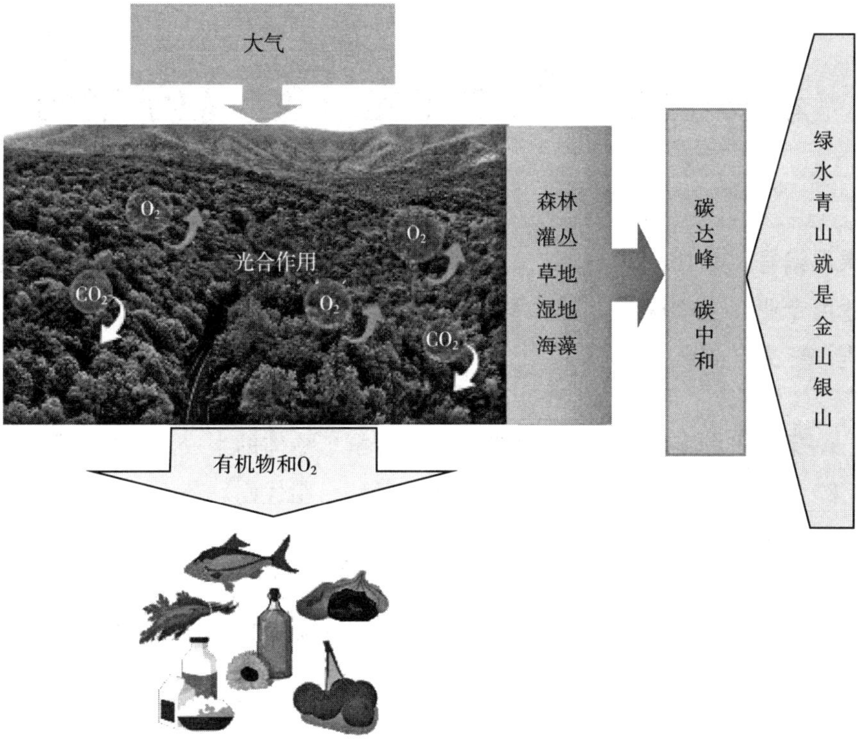

图 3　光合作用的生理和生态

《动物生物化学》“课程思政”教学案例

课程编号：40133020 **课程类别：专业基础课**

适用专业：生物医学、动物科学

执 笔 人：刘灿 **参加人员：伊兆红**

1. 案例主题：健康饮食；脂肪酸氧化分解；酮体的生成。

2. 结合章节：《动物生物化学》（第一版），《脂代谢》节。

3. 案例意义：结合生活中科学减肥的案例，讲解脂代谢过程，培养学生乐观向上、积极健康的生活态度；学习课程后，能做到科学健康饮食，学会把知识应用到生活中，做到学以致用，用专业知识解释生活中各种现象的本质。

4. 案例描述：

教学方法：

教学方法为案例教学和课程讲授。以生活中的热点“健身”“减肥”“酮体饮食”为题引入案例；结合脂肪酸和酮体的物质转化、能量变化讲授脂代谢理论知识。

问题导入：

一方面，随着生活水平的提高，餐桌上的食物越来越丰盛；另一方面，生产设备智能化、机械化程度越来越高，人们进行体力劳动的强度随之大大降低，肥胖人群越来越多。作为动物医学专业的学生，需要用专业理论知识分析、解释生活中各种现象的本质。

因肥胖引发的全民减肥成为当今日常生活中的热点话题之一。减肥的途径主要包括运动减肥、饮食减肥、药物减肥及抽脂整形减肥等。所谓运动减肥是指通过运动消耗热量和脂肪。这节课程我们讲解脂代谢的过程，为我们科学饮食提供理论参考。碳水化合物是身体的主要能量物质，人体摄入碳水化合物后会分解产生葡萄糖，葡萄糖在体内被氧化，产生能量供给机体进行各种生理活动。若糖类摄入过量，机体未及时消耗，糖类物质则会在身体中转化成脂肪，长此以往，会导致身材走形，这是摄入过多碳水化合物导致人体长胖的重要原因。

课程知识点1：脂肪酸降解。

酮体饮食是常见的饮食减肥法，指通过限制碳水化合物的摄入，以消耗身体中的脂肪来为机体提供能量，从而达到减肥目的的饮食方法。酮体饮食的减肥效果显著，不仅能消除皮下脂肪，而且能燃烧内脏脂肪。体内脂肪酸主要通过β-氧化来分解（图1）。所谓β-氧化是指脂肪酸在一系列酶的作用下，从脂酰基的β-碳原子开始，进行脱氢、水化、再脱氢及硫解四步连续反应，从α-碳原子和β-碳原子之间断裂，生成 $C_{25}H_{40}N_7O_{18}P_3S$（乙酰辅酶A）和较原来少两个碳原子的 $C_{27}H_{44}N_7O_{17}P_3S$（脂肪酰辅酶A），生成的 $C_{25}H_{40}N_7O_{18}P_3S$ 最终通过三羧酸循环彻底氧化分解，生成 H_2O、CO_2 和能量，供人体利用。

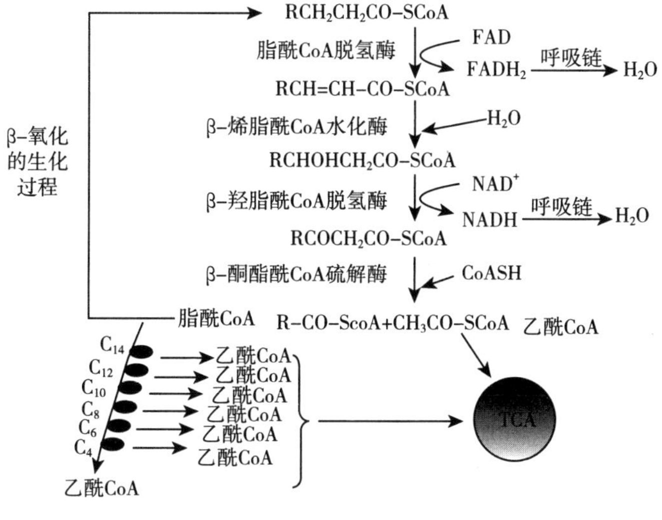

图1　脂肪酸的β-氧化

课程知识点2：酮体的生成。

酮体饮食中“酮体”是什么物质？脂肪酸β-氧化分解生成 $C_{25}H_{40}N_7O_{18}P_3S$，过量的 $C_{25}H_{40}N_7O_{18}P_3S$ 会进一步转化为 $C_4H_6O_3$、$CH_3CH(OH)CH_2CO_2H$（β-羟基丁酸）及 CH_3COCH_3（丙酮）（图2），这三者统称酮体。酮体是脂肪而非葡萄糖的分解产物。由于血脑屏障的存在，除葡萄糖和酮体外的物质无法进入大脑，为脑组织提供能量。当缺乏葡萄糖时，酮体可以为大脑提供能量，以提高注意力并缓解疲劳。饥饿时，酮体可占脑能量来源的25%～75%。酮体饮食主张多摄入蛋白质，减少碳水化合物的摄入，在碳水化合物不足的情况下，机体需要的能量主要由脂肪提供，将体内的脂肪分解成酮体，作为代替糖的能源。

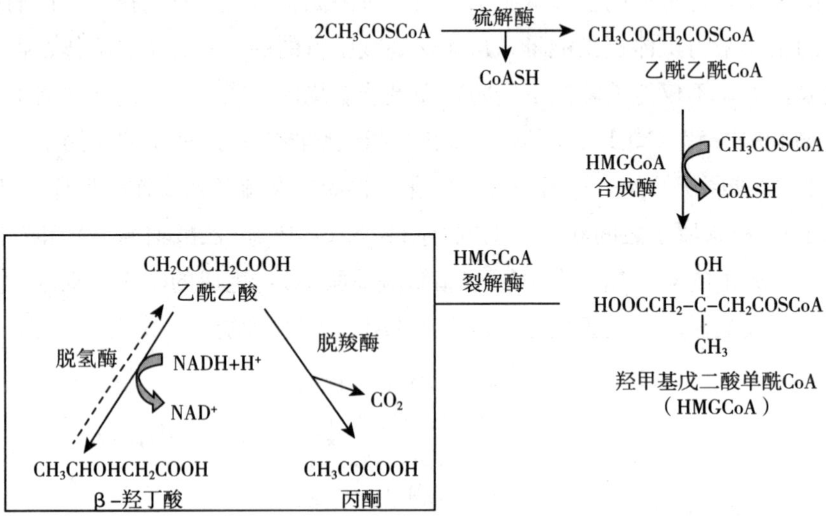

图 2　酮体的生成

如果体内的糖分不足，身体就会分解脂肪，生成的酮体作为能量被身体使用，这个过程可以有效减少体内多余的脂肪。但是，当肝脏内酮体产生的速度超过肝外组织利用的速度时，血液酮体增加，会出现酮血症，过多的酮体从尿液排出形成酮尿，严重危害身体健康。因此，我们在饮食过程中，不能盲目减少碳水化合物的摄入，否则会影响健康。

小结：

通过本课程的学习，我们掌握了脂类代谢途径，为科学、合理地饮食提供了理论基础。今后的生活中，我们要合理安排饮食、多运动、强身健体，成为德、智、体、美、劳全面发展的高素质人才。此外，我们要学会把知识应用到生活中，做到学以致用，用专业知识解释生活中的现象和本质。

《生物化学》“课程思政”教学案例

课程编号：40131001 **课程类别：专业基础课**

适用专业：生物工程

执 笔 人：刘悦萍 **参加人员：李晶**

1. 案例主题：艰难困苦，玉汝于成——绿色荧光蛋白（GFP）的发现与发展。

2. 结合章节：《生物化学》第5章第1节《蛋白质化学》。

3. 案例意义：绿色荧光蛋白的发现、发展和应用是生物科学史上的一次革命。本案例通过追溯GFP的发现历程，阐述科学家的探索故事，让学生更深刻地理解GFP的历史意义和现实作用，加深对蛋白质结构与功能的认识。同时，通过学生喜闻乐见的形式，润物无声地将爱国、创新、求实、奉献、协同、育人的思政元素融入课堂交流，增强学生的辩证思维能力，提高学生独立思考和开拓创新的能力，激发学生学习专业知识的兴趣，增强学习本专业的使命感和责任感，达到立德树人的培养目标。

4. 案例描述：“蛋白质是一切生命活动的体现者”，这是在讲述蛋白质化学这一章前让同学们首先牢记的一句话，而这句话涵盖的重要生物化学原理需要利用实例进行阐释。教学是以绿色荧光蛋白为例进行讲解的。通过GFP的发现、发展和应用的历程向学生们诠释蛋白质化学的奥秘，将教学内容与思政元素有机结合。本案例由GFP的应用、三位诺贝尔奖获得者的科学故事、学生撰写科学家故事文案及优秀文案讲述评比等环节组成，具体的教学目标、内容、实施方式及效果如表1所示。

表1 具体的教学目标、内容、实施方式及效果

目标	教学内容	实施方式	思政要素
了解GFP	GFP概论	学生查阅资料自主学习	激发学生学习新知识的愿望，提高学习兴趣

（续）

目标	教学内容	实施方式	思政要素
熟悉 GFP 的功能	目前 GFP 在示踪、显像及报告基因方面的应用	课前讨论、PPT 展示、视频及文献讲解	提高学生专业兴趣
明确 GFP 的科学价值	GFP 与 2008 年诺贝尔化学奖	课前讨论、PPT 展示、视频讲解	激发学生学习生命科学的热情
了解重要科学理论的发现历程	诺贝尔奖获得者之一：下村修（Dsamu Shimomura）。①下村修高中阶段经历了第二次世界大战，进入水平不高的医学院学习；②对发光生物为何发光有着浓厚的兴趣；③帮助医学院的同事完成毕业论文，从而获得同事的推荐机会；④在水母发光的原理方面与导师观点发生了冲突；⑤多年在海边打捞水母，克服各种困难完成科学实验	学生讲述、课堂讨论和教师总结	①遇到困难提高心态调整能力，以阳光的心态面对生活；②勇于探索，提高科学创新意识；③培养团结协作精神；④培养发现与质疑精神；⑤培养艰苦奋斗、钻研精神
	诺贝尔奖获得者之二：马丁·查尔菲（Matin Chalfie）。①参加学校其他团队的组会，了解了 GFP 的故事；②通过多方联系，获取 GPF 的相关资料；③面对已有研究的不确定性，成功在线虫和大肠杆菌中表达了 GFP	学生讲述、课堂讨论和教师总结	①积极交流；②团结协作；③培养创新意识与辩证思维
	诺贝尔奖获得者之三：钱永键（Roger Y. Tsien）。①广泛查阅文献，获得 GFP 信息；②具备过硬的专业基础知识，解析了 GFP 结构，改造了 GFP 的部分基团，提高了实践应用价值；③诺贝尔奖采访中称自己是美国人	学生讲述、课堂讨论和教师总结	①养成良好的学习习惯，选择性提取信息；②认识学科交叉是当代科学发展的必然趋势，需全面发展；③树立民族自信心
	重要研究者：普瑞泽（Douglas C. Prasher）。①具备良好的专业知识储备，克隆了 GPF 基因；②经费不足，未能完成后续 GFP 的表达，分享了 GFP 基因信息；③无缘诺贝尔奖，参加了 2008 年诺贝尔颁奖典礼	学生讲述、课堂讨论和教师总结	①踏实学习，戒骄戒躁；②互利互赢，建立“人类命运共同体”意识；③树立正确的价值观
从故事中学习生物化学原理	学生撰写科学家故事文案及优秀文案讲述评比	学生讲述，利用小程序班级全员投票评比	培养学生的专业兴趣、专业认同度和专业使命感

《生物分离技术与工程设备》“课程思政”教学案例

课程编号：40143016 **课程类别：专业核心课**

适用专业：生物工程

执 笔 人：柳春梅 **参加人员：薛飞燕**

1. 案例主题：各有所长，合作共赢——不同类型细胞破碎方法的优缺点。

2. 结合章节：《生物分离技术》（第一版），第四章《细胞破碎和分离提取技术》第一节《细胞破碎技术》。

3. 案例意义：在讲述不同类型的细胞破碎方法的优缺点、适用范围以及破碎方法可以联合使用的案例时引导同学们认识到：方法各有优缺点，人同样也各有所长。同学们要善于发现别人的优点，在团队合作中每个人都可以发挥自己的优势。希望同学们能够积极主动与团队中其他成员开展合作，为了共同的目标而努力。培养学生优势互补、相互合作、积极主动开展工作的能力，增强同学们团队合作的意识。

4. 案例描述

教学方法：

（1）复习上一节课的主要内容：胞外产物的分离方法。（课堂提问）

（2）提出问题“胞内产物与胞外产物分离时最主要的不同之处在哪里?”从而引出细胞破碎的概念。

（3）重点讲解不同类型细胞破碎方法的原理、优缺点和适用范围。（案例教学、课堂讲授、小组讨论）

具体案例：

当酵母细胞破碎时，先加入蛋白酶作用蛋白质—甘露聚糖结构，使二者溶解，再加入葡聚糖酶作用裸露的葡聚糖层，最后只剩下原生质体，这时利用缓冲液的渗透压变化，使细胞膜破裂，释出胞内产物。

小组讨论：

该案例中用了几种细胞破碎的方法？如果最后利用缓冲液渗透压变化的方法，更换为机械破碎法，对后续的初步分离会带来哪些影响？通过讨论加深对不同破碎方法的特点和适用范围的理解。

课程思政点：

方法各有优缺点，就像同学们一样也有各自所擅长的领域，同学们要善于发现别人的优点，强强联合，合作共赢。通过学习本课程，培养同学们在团队合作中优势互补、相互合作的精神。

教学具体内容：

课程主要讲授细胞破碎方法的分类，每种破碎方法的原理、优缺点和适用范围（表1、图1）。

表1　主要细胞破碎方法的比较

分类	具体方法		优缺点及适用范围
机械破碎法	珠磨法		细胞破碎率高，作用时间短，成本低，可实现连续操作，适用于各种不同细胞类型，应用范围为实验室及工业规模，但操作参数较多，控制复杂，液体损失量大且碎片细小，后处理麻烦
	高压匀浆法		细胞破碎率高，作用时间短，成本低，易于控制，可用于大规模操作。但团状或丝状真菌、质地坚硬的亚细胞器等不适用
	超声波破碎法		适用于实验室规模、少量样品的处理
非机械破碎法	物理破碎法	反复冻融	不依赖设备，操作容易，成本低，但不适合处理冷冻敏感的细胞
	化学破碎法	加入酸碱、表面活性剂、有机溶剂、螯合剂等	不依赖特定设备，细胞碎片大，有利于后处理，适用于实验室规模。缺点是作用时间长、效率低，所用试剂大多对产物有毒害作用，通用性差
	酶溶法	多种酶对细胞壁的降解	作用方式温和，选择性高，细胞碎片大，易分离，但成本较高，通用性差，且易造成产物抑制作用，一般用于实验室

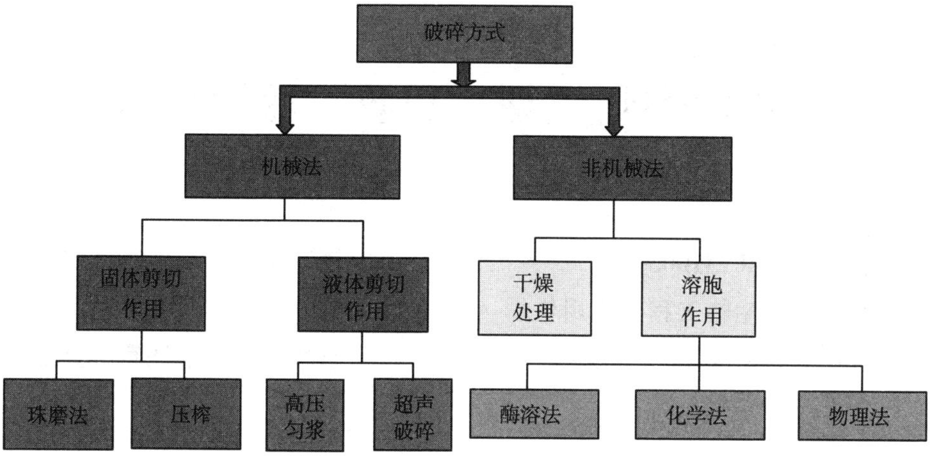

图 1　细胞破碎方法的分类

《化工原理》“课程思政”教学案例

课程编号：40131003　　　　　　　　　　**课程类别：专业基础课**

适用专业：生物工程，应用化学

执 笔 人：常明明　　　　　　　　　　　**参加人员：薛飞燕、高娃**

案例一：

1. 案例主题：步步常由逆境行——离心泵工作原理。

2. 结合章节：《化工原理》（第三版），第一章《流体流动与输送机械》第八节《流体输送机械》。

3. 案例意义：介绍北京市第一高楼——中国尊，阐述中国尊涉及的“黑科技”，从而引入问题：如此高的建筑是如何实现楼内人们对自来水的需求的呢？

本案例通过介绍高层建筑自来水输送管线特点，介绍离心泵在流体输送中实现水往高处流的重要作用。通过该思政点的建设，一方面帮助学生构建科技改变生活的世界观，为祖国日益强大的科技实力而自豪，增强民族自豪感；另一方面建立“步步常由逆境行”的思想，培养大学生不怕困难、迎难而上的宝贵意志品质。

4. 案例描述

教学具体内容：

离心泵的工作原理。

教学方法：

（1）问题导入。

介绍中国尊：北京第一高楼，北京的地标性建筑，该建筑地上 108 层、地下 7 层，高度达到 528 米。而在建造过程中，这座北京第一高楼还刷新了 15 项世界纪录，并使用了众多“黑科技”，其中一项为中国尊冷源采用冰蓄冷系统（图 1），空调热源由市政热网提供。冰蓄冷系统：利用夜间电网低谷电力全力制冷并以冰的形式蓄存，在白天用电高峰时将冰融化，为大楼空调提供冷气，从而发挥转移高峰电力负荷的移峰填谷作用，具有良好的社会效益和经济效益。如何将冰融化后输送给整个大楼呢？离心泵功不可没。水往高处走，是步步常由逆境行的真实写照。

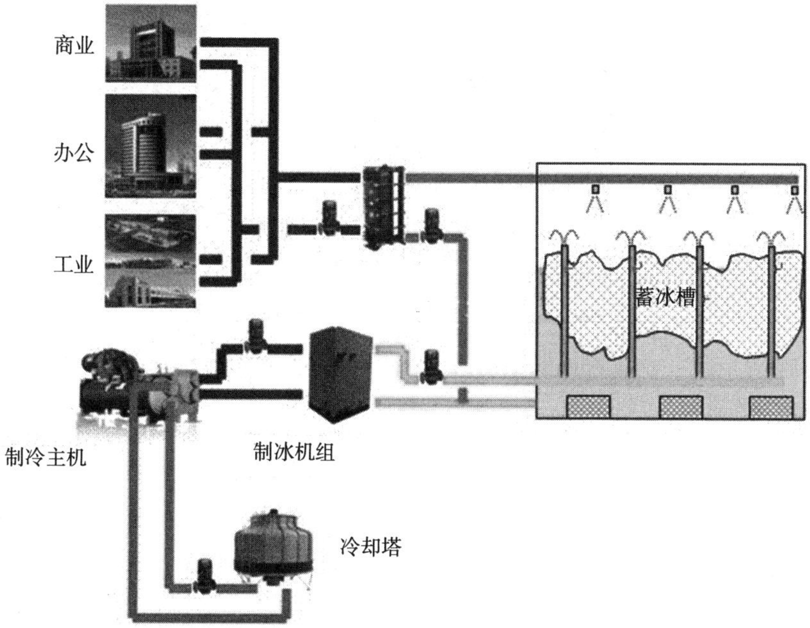

图 1　冰蓄冷中央空调系统

（2）介绍离心泵结构。

离心泵的主要部件有三个：叶轮、泵壳及轴封装置（图 2）。

叶轮：通过高速旋转将原动机的能量传给液体，以提高液体的静压能与动能。

泵壳：壳内通道截面逐渐扩大。从叶轮外缘高速抛出的液体沿泵壳通道向排出口流动，其流速逐渐降低，减少了能量损失，且使一部分动能有形地转化为静压能。

轴封：泵轴与泵壳之间的密封。其作用是防止泵壳内高压液体沿轴漏出或外界空气进入泵的低压区。

（3）离心泵工作原理。

离心泵是依靠叶轮旋转时产生的离心力来输送液体的泵，其工作原理可由

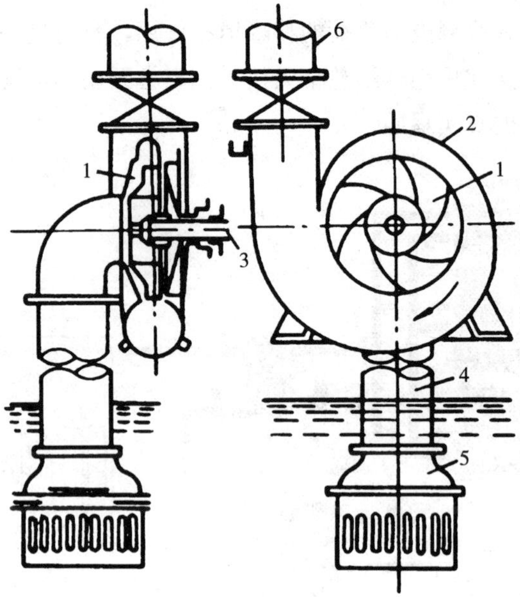

离心泵装置简图
1—叶轮；2—泵壳；3—泵轴；4—吸入管；5—底阀；6—压出管

图 2 离心泵结构

三个步骤说明。

第一步灌泵，即启动前，使泵壳和吸入管路充满被输送液体。第二步排液，启动后，泵轴带动叶轮高速旋转，在离心力的作用下，使液体向外缘做径向运动。液体在运动过程中获得能量，使静压能和动能均有所提高。液体离开叶轮进入泵壳后，由于泵壳中流道逐渐加宽，流速逐渐降低，又将一部分动能转变为静压能，使液体的静压能进一步提高，由出口以高压沿切线方向排出。第三步吸液，当液体从叶轮中心流向外缘后，叶轮中心呈现低压，储槽内液体在其液面与叶轮中心压力差的作用下进入泵内，再由叶轮中心流向外缘（图 3）。

（4）思考。

研讨式教学：

离心泵还有哪些应用呢？引导同学们思考离心泵在日常生活中的应用。如农业灌溉、消防灭火和家用增压等（图 4），培养同学们独立思考的能力。

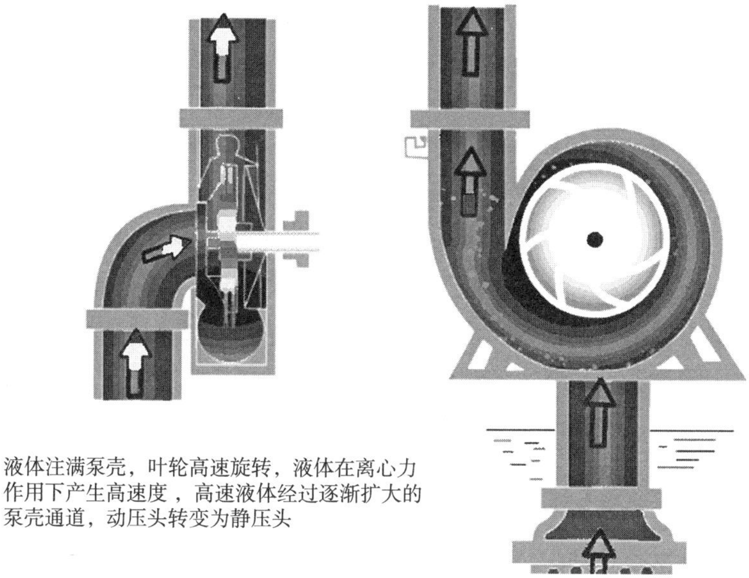

图 3　离心泵工作原理

图 4　离心泵的应用

案例二：

1. 案例主题：守护你的温度，科技引领航天（热传导）。

2. 结合章节：《化工原理》（第三版），第三章《传热》第二节《热传导》。

3. 案例意义：本案例通过介绍中国神舟十三号载人飞船飞行过程中，特别是当返回舱进入大气层后，与空气发生剧烈摩擦，舱体表面局部温度可达上千摄氏度，但是神舟飞船里面搭载着航天员，所以返回舱内的温度不能超过30℃，阐明在航天领域传热材料的研发所具有的重要意义。通过该思政点的建设，助力学生了解科技前沿，建立节能环保理念。

4. 案例描述：

教学具体内容：

热传导的定义与应用。

教学方法：

（1）问题导入。

“大鹏一日同风起，扶摇直上九万里。”相信大家都对神州十三号载人飞船的升空过程印象深刻。神舟十三号载人飞船在返回过程中，虽然返回舱与大气层剧烈摩擦形成一个大火球，但是里面的航天员却不会因此而受到高温炙烤。返回舱究竟是如何经受住超过2000℃的高温考验的呢？

广东煤基碳材料研究院经过多年研发，掌握了以煤温和液化沥青、煤液化残渣、中间相沥青、煤焦油沥青、酚醛树脂等为原料，稳定制备不同尺寸的泡沫碳的工艺技术，密度可在0.1～0.6g/cm^{3}调控。泡沫碳是一种由孔泡和相互连接的孔泡壁组成的具有三维网状结构的轻质多孔材料，除具有碳材料的常规性能外，泡沫碳还具有密度小、强度高、耐腐蚀、抗热震、易加工等特性。石墨泡沫具有良好的导电、导热、吸波等物理和化学性能。通过今天的学习，我们将了解为什么选择泡沫碳作为航天隔热材料。

（2）介绍热传导。

热传导是热量从物体内温度较高的部分传递到温度较低的部分，或传递到与之接触的另一物体的过程（图5），向学生介绍导热过程没有物质的宏观移动。

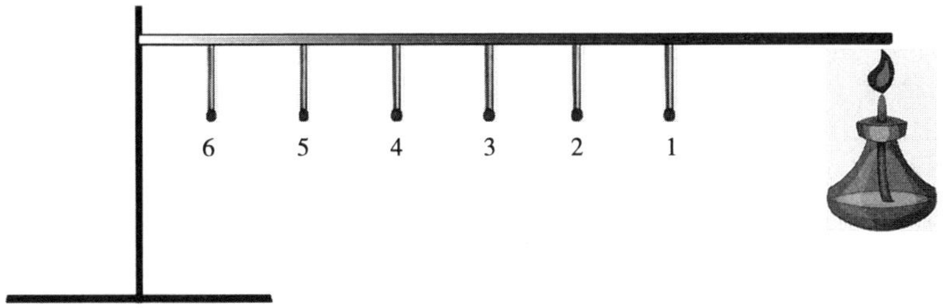

图 5　金属棒导热示意

研讨式教学一：

提出问题：生活中应用热传导加热或者保温的例子（图 6）。引导学生举例，加深学生对热传导的理解，进一步介绍选择合适的导热材料可以有效节约能源，帮助学生建立节能环保理念。

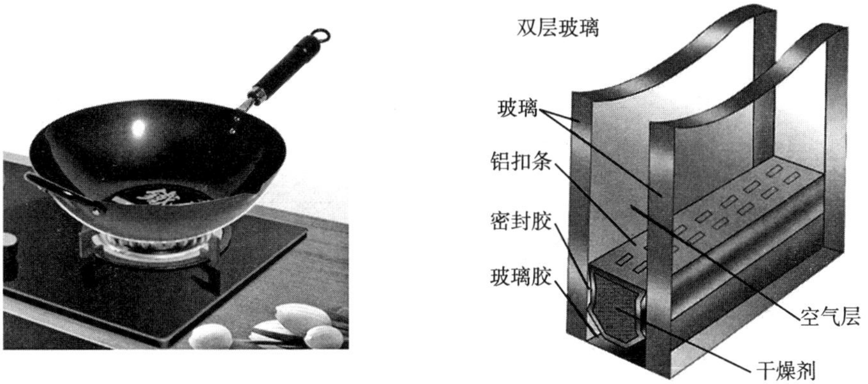

铁锅炒菜　　　　中空玻璃保温

图 6　生活中应用热传导的例子

（3）傅里叶定律：$dQ=-\lambda dA\frac{\partial t}{\partial n}$

介绍傅里叶定律方程式中字母的含义，向学生讲解导热系数 λ 代表物质的导热能力，是物质的基本物理性质之一，了解工程上常用物质的导热系数（表 1、图 7）。

- $\lambda_{金属固体}>\lambda_{非金属固体}>\lambda_{液体}>\lambda_{气体}$
- $\lambda_{纯物质}>\lambda_{混合物}$

图 7　工程材料导热系数比较

表 1　工程上常用物质的导热系数

物质种类	导热系数范围（瓦/厘米·℃）	常温下常用物质的导热系数（瓦/厘米·℃）
纯金属	20～400	银 427，铜 380，铝 230，铁 70
合金	10～130	黄铜 110，碳钢 45，灰铸铁 40，不锈钢 17
非金属固体	0.2～2.0	普通砖 0.7，耐火砖 1.0，混凝土 1.3
液体	0.1～0.7	水 0.6，甘油 0.28，乙醇 0.18
气体	0.01～0.6	氢 0.6，空气 0.025，乙醇气体 0.015

（4）思考。

研讨式教学二：

运用本节课所学知识，分析课程开始时提出的神州十三号载人飞船应用泡沫碳的原理（图 8），进一步加强学生对知识的理解与掌握，了解科技前沿，培养节能环保意识。

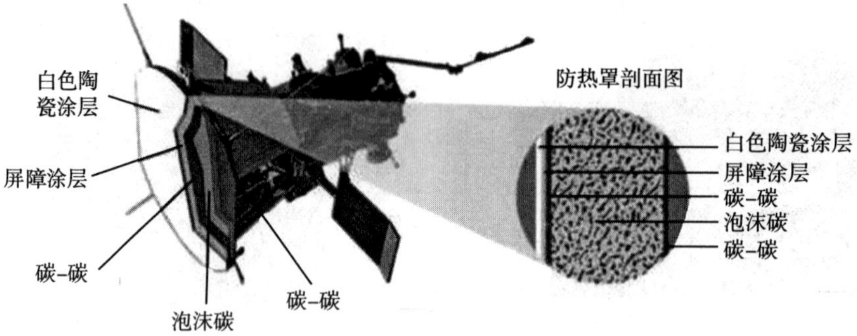

图 8　泡沫碳在航天领域的应用

《基础生物化学》“课程思政”教学案例

课程编号：40133005 **课程类别：专业基础课**

适用专业：植物生产类、林学和园林植物、食品科学与工程、食品安全、资源环境和应用化学等

参加人员：靳永胜、王晓琴、刘灿 **执 笔 人：卜春亚**

案例一：

1. 案例主题：科学辩证剖析，培养职业素养——凯氏定氮法测定蛋白质含量。

2. 结合章节：《基础生物化学》第 2 章《蛋白质化学》第 1 节《蛋白质的元素组成》。

3. 案例意义：

（1）培养科学逻辑和批判性思维能力。

通过对蛋白质含量测定方法原理的剖析，明晰该测定方法存在的局限性，了解食品监管存在的漏洞，明确建立食品检验标准须避免不法分子钻漏洞，激发学生的思辨能力和探究精神。

（2）培养学生正确的职业道德观。

通过对三聚氰胺事件的深层剖析，明晰事件发生的原因。针对基础生物化学课程的属性以及专业人才培养的需要，开展职业素养教育具有非常重要的意义，需要突出敬业精神、工匠精神以及责任意识的培养。

（3）培养沟通和团队协作能力。

利用小组讨论的形式，研讨事件发生的原因和解决方案，可以促进合作、组织、妥协和沟通等能力教育目标的达成。

4. 案例描述：

在讲述蛋白质元素组成以及蛋白质含量测定时，导入热点事件——三聚氰胺事件，以小视频的方式引起同学们的好奇心和兴趣。

首先，讲述该事件发生的背景。蛋白质是牛奶中的主要营养成分，鲜牛奶包装上都会标注蛋白质含量，以表明符合鲜牛奶的国家标准（100 毫升≥2.95 克）。生鲜牛奶的蛋白质含量一般在 3%以上，所以一般都能达到国家标准，除非往原奶中兑水。要提防有人在原奶中兑水卖出牛奶的价钱，就有必要在收购生鲜牛奶时检测蛋白质的含量。

其次，引入食品行业的国家标准。通常牛奶中的主要成分只有蛋白质含有氮元素，其他主要成分（碳水化合物、脂肪）都不含氮元素，因此凯氏定氮法是一种很准确的测定蛋白质含量的方法。食品工业上普遍采用的、被定为国家标准的是凯氏定氮法，这是 19 世纪后期丹麦人约翰·凯达尔发明的方法。原理很简单，蛋白质含有氮元素，用强酸处理样品，可以使蛋白质中的氮元素释放出来，测定氮的含量，就可以算出蛋白质的含量。牛奶中蛋白质的含氮率约为 16%，根据国家标准，用测出的氮含量乘以 6.38，就是蛋白质含量。

再次，采用小组讨论的方式，创设问题“为什么三聚氰胺（$C_3H_6N_6$）被用来冒充蛋白质”，以问题引导的方式启发深度思考，激发学生的思辨能力和探究精神。三聚氰胺含氮量高达 66.6%（含氮量越高意味着能冒充的蛋白质越多），白色无味，没有简单的检测方法（要采用“高效液相色谱”这种高科技去检测），是理想的蛋白质冒充物。造假者用来冒充蛋白质的就是三聚氰胺渣。在饲料、奶制品中添加“蛋白精”即三聚氰胺渣，冒充蛋白质，已成了公开的秘密，也让这种本来免费的化工废料的价格攀升到了 300～400 元/吨。

最后，采用小组讨论的方式，创设问题“如何弥补凯氏定氮法的缺陷”，促进合作、组织、妥协和沟通等能力教育目标的达成。其实凯氏定氮法的缺陷并不难弥补，只要多一道步骤即可：先用三氯乙酸处理样品。三氯乙酸能让蛋白质形成沉淀，过滤后，分别测定沉淀和滤液中的氮含量，就可以知道蛋白质的真正含量和冒充蛋白质的氮含量。这是生物化学的常识，也早已成为检测牛奶氮含量的国际标准（ISO 8968）。“蛋白精”骗局在国内出现已有一些年头，“三鹿奶粉”事件不过是把这一“行业秘密”摆在了公众面前。只有改进国家标准，堵住漏洞，才能挽回人们对国产乳品的信心。开展职业素养教育，要突出敬业精神、工匠精神以及责任意识的培养。

案例二：

1. 案例主题：DNA 是遗传物质的发现过程，挖掘科学发现背后的故事。

2. 结合章节：《基础生物化学》第 4 章《核酸》第 1 节《DNA 是主要遗传物质的发现》。

3. 案例意义：

（1）培养敢于为先、敢于创新的科学精神。

由于当时科学家对核酸的了解甚少，核酸的化学本质仍处于争议中，大部分生化学家仍然相信蛋白质是遗传物质。年近花甲的奥斯瓦尔德·艾弗里（Oswald Avery）等（图 1）在 *JEM* 杂志上发表了论文，提出 DNA 是遗传物质的观点。敢于面对同行“即使是纯度较高的核酸也无法排除蛋白质的存在，因此无法排除蛋白质导致转化发生即蛋白质是转化因子”这样的质疑，可以激励学生敢于为人先、不屈不挠、勇于探索的科学精神。

Oswald Avery　　Colin MacLeod　　Maclyn McCarty

图 1　Avery、MacLeod 和 McCarty

（2）培养严谨治学的科学素养。

艾弗里等经过超过 15 年的系统研究，最先发现 DNA 是诱导肺炎球菌转化的物质。他不断完善实验设计的严谨性，消除了科学界对其研究成果的质疑，其追求真理的过程、其敬业精神可以激励学生培养严谨治学的科学精神。

4. 案例描述：

艾弗里等的研究结果揭示了遗传物质的化学本质，堪称 20 世纪最重要的生物学实验，揭开了现代生物学的帷幕。本节首先是以问题探讨的形式呈现了曾经在科学界争议了很长时间的问题：DNA 和蛋白质究竟谁是遗传物质。目的在于引导学生思考如何对这一问题进行研究，激发学生的探索欲望。

接着介绍了 20 世纪早期人们对于遗传物质的推测，由于当时科学家对核酸的了解甚少，核酸的化学本质仍处于争议中，大部分生化学家仍然相信蛋白质是遗传物质。在此基础之上详细讲述DNA是遗传物质的直接证据——“肺炎双球菌的转化实验”，引导学生重温科学家的探究历程，领悟科学研究的过程和方法，最终得出科学的结论。

随后，采用小组讨论的方式，讨论“为什么肺炎球菌的转化实验不能让当时的科学界信服，该实验设计存在哪些不足”。艾弗里等经过超过15年的系统研究，最先发现DNA是诱导肺炎球菌转化的物质。艾弗里等人所做的试验和得出的结论，不仅没有使科学界立即接受DNA是遗传物质的正确观点，反而引起了科学界的极大质疑。为了证明DNA是遗传物质，艾弗里和他的同事们又做了大量的工作不断完善实验设计的严谨性，消除了科学界对其研究成果的质疑。艾弗里等追求真理的过程和敬业精神可以激励学生培养严谨治学的科学精神。

艾弗里等人的肺炎球菌的转化实验（图2）被认为是20世纪最重要的生物学实验，可以说改变了现代生物学，然而艾弗里直到1955年去世也未获诺

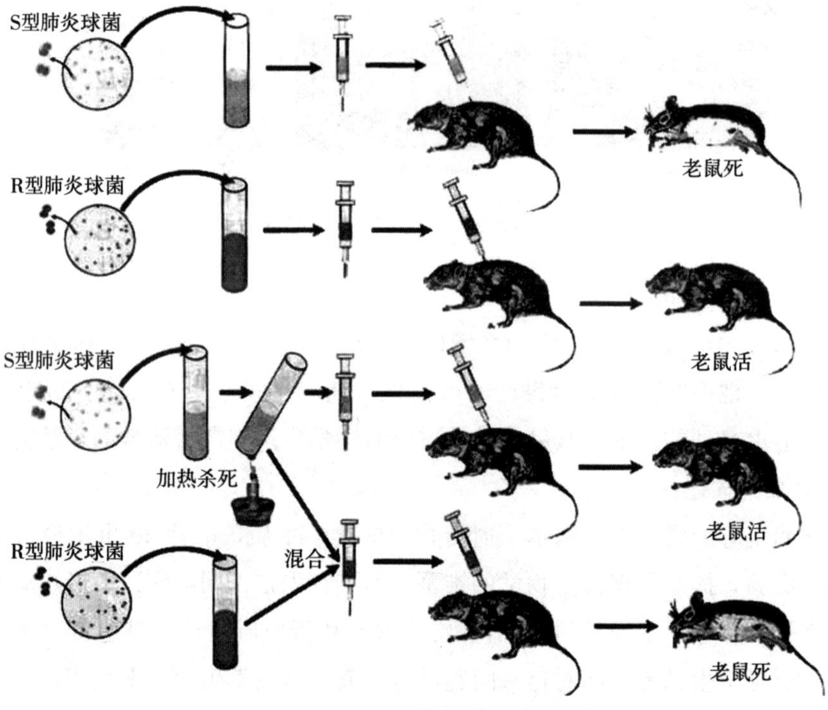

图2　肺炎球菌的转化作用实验

贝尔奖。通过对“肺炎双球菌的转化实验”和“噬菌体侵染细菌的实验”的实验设计进行比对分析，引导学生认识到要证明一个科学问题，需要一系列非常严谨的实验，从而提出在科学研究中，严谨治学是科研工作者需要具备的重要素质之一。

《植物生理学》“课程思政”教学案例

课程编号：40133003　　课程类别：专业基础课
适用专业：资源与环境
执 笔 人：李晶
参加人员：段留生、马兰青、杨明峰、彭真、高月荣

案例一：

1. 案例主题：不畏艰难，勇于探索——汤佩松发现植物呼吸代谢的多样性。

2. 结合章节：第四章《植物的呼吸作用——植物呼吸代谢途径的多样性》。

3. 案例意义：通过介绍汤佩松发现植物呼吸代谢途径的多样性的过程，培养学生们科研思维和勇于探索创新的精神，激发学生们的学习、科研兴趣。让学生们认识到我国老一辈植物生理学家的爱国主义精神，以及崇高的民族使命感和社会责任感。

4. 案例描述：

(1) 案例导入。

通过提问的方式引出案例。如：接下来我们就来学习植物呼吸作用的多样性。大家知道呼吸作用的多样性是哪位科学家提出的吗?

(2) 教学方法。

提前安排学生在网络上查阅植物呼吸作用的多样性是哪位科学家提出的及科学家的生平事迹，课上提问后进行讨论。

(3) 教师总结。

我国的植物生理学在诞生时伴随着社会动荡及战争。尽管环境极其艰苦，甚至有生命危险，但是老一辈植物生理学家仍然坚持植物生理学的教学与科研工作。汤佩松先生是我国植物生理学创始人之一，1933 年，他放弃了美国优

厚的实验及生活条件回国，在武汉大学建立了植物生理学实验室，从事教学和科研工作。随着抗日战争的持续，汤佩松先生不得不转移到云南的西南联合大学工作。在西南联合大学，他重新建立了实验室，这个简陋的实验室经历了三次炸毁、四次搬迁重建，最后搬到昆明郊区的一个小村庄。在这样艰苦的环境中，汤佩松先生完成了1篇有关光合作用和7篇有关细胞呼吸动力学的学术论文，建立了植物呼吸作用多样性的学说。在课程教学过程中，让学生认识到老一辈植物生理学家的爱国主义精神，以及崇高的民族使命感和社会责任感。

案例二：

1. 案例主题：古老的智慧——末端氧化酶在传统制茶工艺中的应用。

2. 结合章节：第四章《植物的呼吸作用——植物呼吸作用中末端氧化酶的多样性》。

3. 案例意义：通过介绍红茶及绿茶的传统制法（图1，图2），帮助同学们了解植物呼吸作用中的末端氧化酶在生产生活中的应用，了解植物呼吸作用的重要性。通过学习，帮助同学们了解我国传统技艺中蕴含的科学知识，增强同学们对祖国优秀传统文化的认同感与自信心。

图1　红茶的传统制法

4. 案例描述：

（1）案例导入。

通过提问的方式引出案例。植物的末端氧化酶——酚氧化酶，能够将酚氧

图 2　绿茶的传统制法

化成棕褐色的醌，醌对微生物有毒，能防止植物感染。在没有受到伤害的植物组织中，酚类大部分在液泡中，与酚氧化酶不在一处，所以不被氧化。大家知道酚氧化酶在生产生活中有哪些重要的应用吗？

（2）教学方法。

提前安排学生在网络上查阅植物呼吸作用中末端氧化酶在生产生活中的应用，课上提问后进行讨论。

（3）教师总结。

制绿茶时，采的茶叶立即焙炒杀青，破坏多酚氧化酶，使茶叶保持绿色。制红茶时，揉捻茶叶，利用多酚氧化酶将茶叶中的儿茶酚和单宁氧化并聚合为红褐色的物质。我国传统制茶技艺中蕴含着丰富的科学知识，红茶和绿茶的制作充分利用了末端氧化酶的特性，可以增强学生对祖国优秀传统文化的认同感与自信心。

《普通遗传学》“课程思政”教学案例

课程编号：40133002 **课程类别：专业基础课**
适用专业：植物保护
执 笔 人：吕鹤书

1. 案例主题：杂交水稻的故事——植物雄性不育遗传。

2. 结合章节：《细胞质遗传——植物雄性不育遗传的利用》。

3. 案例意义：通过介绍植物雄性不育遗传中质核不育型的原理、特点和利用的知识，培养学生进行作物遗传与杂交优势利用的理论和实验应用能力，提高科学素养。通过了解中国杂交水稻之父袁隆平院士的科研经历和卓越贡献，激发学生科学探索精神、热爱祖国和服务社会的热情，培养德才兼备的人才。

4. 案例描述：

通过讲授，了解植物雄性不育遗传的类型、质核不育型遗传的特点和原理，使学生掌握遗传学在作物遗传育种与杂种优势利用中的基本理论。通过案例介绍植物雄性不育的实际应用，了解三系法的实验流程，使学生掌握具体的实验方法，增强科研能力。

结合视频介绍袁隆平先生的事迹生平，使学生了解将水稻杂交母本转育获得雄性不育系过程的艰辛。展示水稻三系配套研究和杂交稻增产的时间线，使学生体会科研过程中科学家的不懈努力以及这项对人类有益的科研成果的社会影响，提高学生的科研热情。通过让学生感受科学家投身农业、为民着想的崇高精神，增强学生的社会责任感。

《遗传与健康》“课程思政”教学案例

课程编号：40151C02　　课程类别：专业选修课
适用专业：生物工程
执 笔 人：吕鹤书　　参加人员：吕鹤书

1. 案例主题：成就健康的人生——人类遗传性疾病。

2. 结合章节：第二章《孟德尔遗传——人类孟德尔遗传》；第三章《连锁遗传——性连锁遗传》；第四章《染色体结构变异——缺失》；第五章《染色体数目变异——三体》；第六章《基因突变——基因突变的分子机制、诱发因素、防护和修复》；第八章《数量性状遗传——人类多基因遗传病》。

3. 案例意义：人类的疾病健康与遗传学紧密相关。在相关章节的学习中，除了让学生了解自身性状和一些遗传性疾病的相关基础知识，还要激发学生对保持健康、珍爱生命的思考。对于许多疾病，每个人都有遗传风险，而环境因素对于一些疾病的成因同样重要。使学生意识到保持健康的生活方式、保护环境的重要性，尽量规避生活和环境中常见的致病因素。健康的人面对一些不幸的遗传病患者时，会更加珍惜自己的生命和健康，面对困难和挫折时会增强信心、增强心理调节能力。

4. 案例描述：

为了使学生了解人类遗传相关基础知识，首先结合案例介绍人类的单基因遗传基本规律——孟德尔遗传规律。以在线形式了解人类单基因性状和疾病网站 OMIM，利用 OMIM 给学生布置进行人类单基因遗传病调研的作业，培养学生的自主学习能力。结合案例介绍连锁遗传中一些伴性遗传病，如欧洲王室发生的血友病等。

针对染色体畸变内容，利用视频和图片介绍染色体缺失疾病猫叫综合征患者、染色体数目变异疾病唐氏综合征患者的外貌和特征，以此作为引导，普及可能的患病原因以及日常生活中如何发现、预防和普及婚育过程中与优生优育有关的注意事项等内容。

介绍基因突变发生的分子机制，帮助学生们了解突变对遗传物质的改变和生物学性状的影响。进一步了解生活和环境中常见的诱变因素，利用案例介绍环境因素对一些疾病成因的影响，使学生们认识保护环境的重要性。基于对突变有害性的认识，使学生们在生活中建立防护突变的意识。

介绍数量性状遗传的基本原理。使学生们了解许多疾病的发生是多基因遗传的结果，如糖尿病、高血压等。生物性状的控制是基因和环境共同作用的结果。利用案例说明环境因素对疾病发生概率的影响，引导学生们养成健康的生活方式。

《动物生理学》“课程思政”教学案例

课程编号：40133016 **课程类别：专业基础课**

适用专业：动物科学、动物医学

执 笔 人：滑静 **参加人员：王立虎、伊兆红**

案例一：

1. 案例主题：血糖血脂增高——导致心血管疾病增多的原因。

2. 结合章节：第二章《血液生理》第一节《血液的组成和理化特性》。

3. 案例意义：结合血浆功能的介绍，讲述血糖、血脂生理作用，提出问题，引导学生思考。让学生了解新中国成立七十多年来发生的巨大变化，认识到中国共产党带领中国人民取得的重大成就；同时，提醒学生保持健康的生活方式，防止心脑血管疾病发生。

中国人从新中国成立初期人均寿命 40 岁左右，到今天人均寿命 70 多岁，是经济高速发展、物质极大丰富、人均收入大幅增加、人民生活水平迅速提高的结果。同时，由于肉类食物摄入增加、体力劳动减少，人们的生活方式发生了改变，导致血糖、血脂升高，进而导致心脑血管疾病发生的概率增加。因此，注意营养摄入均衡，坚持体育锻炼，养成健康的生活方式，可防止心脑血管疾病的发生。

4. 案例描述：

采取问题导入的教学方式，首先提出问题：与新中国成立初期相比，现在糖尿病、高血脂、脂肪肝的病人为什么增多了？

其次引入实例：据报道，我国心脑血管疾病患者约 3 亿人，每年因心脑血管疾病死亡的人数近 300 万人，占总死亡率的 51%。

最后分析心脑血管疾病高发的原因。主要原因：人民生活水平提高，人均寿命延长。具体从以下两个方面来分析。

（1）随着年龄的增长，人体分泌抗氧化物酶［例如超氧化物歧化酶（SOD）］的能力降低，导致体内自由基水平升高。

（2）血管壁平滑肌细胞非正常代谢，新的细胞组织不能正常形成，使血管壁本身存在“缺陷”，容易产生炎症，导致血管收缩不畅（图 1）。

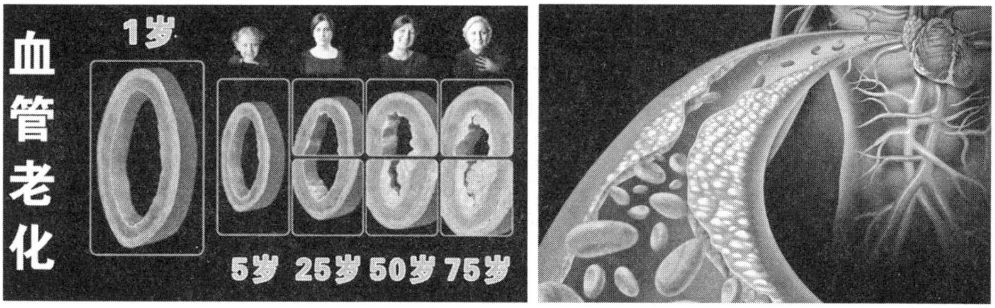

图 1　血管老化机理

新中国成立七十多年来，在中国共产党的正确领导下，中国人民经过多年的艰苦奋斗，终于取得了今天的建设成就。现在，我们终于实现了全面脱贫，人们的生活水平提高了，重体力活动减少了，物质极大丰富，导致营养物质摄入超过了身体的代谢水平，又因为体育锻炼不足，导致患心脑血管疾病的人数大大增加。

案例二：

1. 案例主题：对新型冠状病毒感染引起的疫情的思考。

2. 结合章节：第三章《血液循环》第四节《心血管活动的调节》。

3. 案例意义：结合心血管活动调节中肾素—血管紧张素系统的血管紧张素转换酶（新型冠状病毒作用靶点）的讲述，介绍冠状病毒的历史、致病机理和可能的症状。面对新型冠状病毒感染引起的疫情，分析各国对待疫情的态度、采取的措施，说明中国共产党的领导和社会主义制度的优越性。

4. 案例描述：

（1）冠状病毒简介。

冠状病毒在系统分类上属套式病毒目冠状病毒科冠状病毒属。冠状病毒属的病毒是具有囊膜、基因组，为线性单股正链的 RNA 病毒，是自然界广泛存在的一大类病毒。冠状病毒仅感染脊椎动物，如人、鼠、猪、猫、犬、狼、牛、禽类。

(2) 发现历史。

1937 年，冠状病毒首先从鸡身上分离出来。

1965 年，分离出第一株人的冠状病毒。由于在电子显微镜下可观察到其外膜上有明显的棒状粒子突起，使其形态看上去像中世纪欧洲帝王的皇冠，因此命名为“冠状病毒”(图 2)。

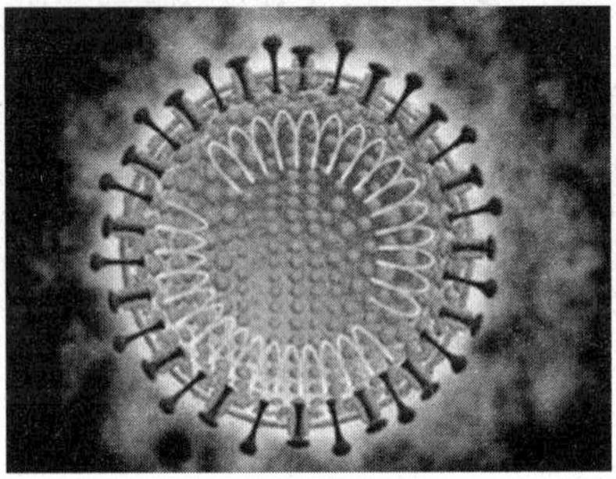

图 2 冠状病毒

1975 年，国家病毒命名委员会正式命名了冠状病毒科。

2002 年冬到 2003 年春，引起肆虐全球的严重急性呼吸综合征（SARS，重症急性呼吸综合征）的病毒就是冠状病毒科冠状病毒属中的一种。

2012 年 9 月，新型冠状病毒在沙特阿拉伯被发现，与非典病毒同属冠状病毒，称为中东呼吸综合征冠状病毒（MERS-CoV）。

2019 年末，引发疫情的冠状病毒被命名为 2019-nCoV，是新型冠状病毒（图 3）。

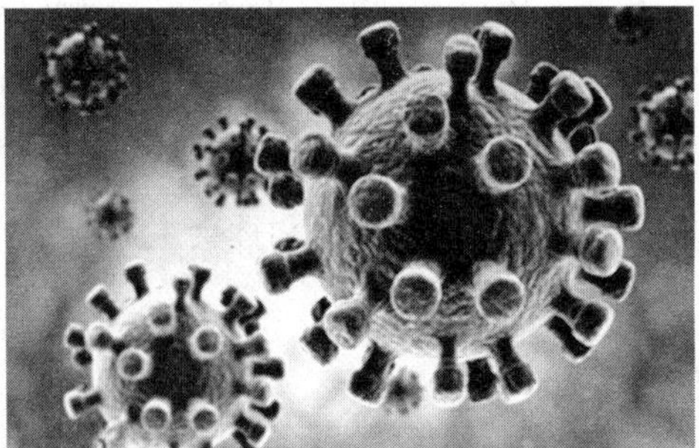

图 3 新型冠状病毒

（3）致病机理。

感染期间，病毒的 S 蛋白附着在宿主细胞中的血管紧张素转换酶 2（ACE2）上，ACE2 蛋白在人体肺、肾和肠中表达最为显著。

病毒进入细胞后，ACE2 被裂解并释放到额外的膜空间中，从而使 ACE2 减少，导致肺损伤并增加肺血管通透性。在冠状病毒感染的早期阶段，树突细胞和上皮细胞被激活并表达一簇促炎性细胞因子和趋化因子，但这些细胞因子和趋化因子的过度产生将促进疾病的发展。炎症反应的增强会促使受影响细胞发生凋亡或坏死，从而进一步加剧炎症，继而增加血管的通透性以及肺泡中单核细胞、巨噬细胞和中性粒细胞的异常积累，加重肺损伤。

（4）症状。

新冠病毒感染主要以急性呼吸道感染为主要表现，症状为发热、咳嗽、乏力，部分患者还有鼻塞、流涕、咽痛、嗅觉和味觉减退或丧失等（图 4）。如发现相关症状请及时就医。

图 4　感染新冠病毒的症状

（5）对于新型冠状病毒感染引起的疫情的思考。

①疫情的发展过程。

2019 年 12 月以来，中国湖北武汉部分医院发现不明原因肺炎病例，12 月

8日武汉卫健委通报首例不明原因肺炎患者病例。2020年1月9日明确病原体为冠状病毒，2020年1月12日世界卫生组织正式将病毒命名为“2019新型冠状病毒”。2020年1月15日，国家疾控中心启动一级应急响应。2020年1月20日韩国、美国确诊首例新型冠状病毒病例。2020年2月以后，许多国家已经出现了新冠病毒感染病例，全球进入全面爆发阶段。

②各国对待疫情的态度。

在疫情开始阶段大多数国家都手足无措，经济发达国家开始阶段是轻视，而经济不太发达国家相对重视。随后进入疫情全面爆发阶段，大多数国家都出现了医疗资源短缺现象。针对新冠疫情传播速度快、感染人数增加迅速的特点，中国制定了严格的疫情防控措施，全国各地均采取“早发现、早隔离”的严格封控措施，有效防止了疫情的大面积爆发，减少了人员感染和医疗资源挤兑。随着病毒变异，新型冠状病毒的毒性下降、传染性增强，中国又适时调整了防疫政策，减少了疫情防控对生产和生活造成的影响。由于新冠疫情防控措施调整得及时，保证了我国在疫情影响的三年中，仍然保持了经济的正增长。

③中国的优势：党的领导、制度优势、文化传承、万众一心。

《细胞工程》“课程思政”教学案例

课程编号：40153A03 **课程类别：专业选修课**

适用专业：生物工程

执 笔 人：赵福宽 **参加人员：常明明、陈青、王顺利**

1. 案例主题：科学技术要为社会服务——细胞工程的应用促进社会经济发展。

2. 结合章节：第一章《绪论》。

3. 案例意义：在《细胞工程》课程绪论的教学中，讲授细胞工程促进社会经济发展的有关内容。在讲授细胞工程在植物脱病毒与快速繁殖方面的应用这部分内容时，通过介绍病毒侵染植物后对农业生产造成的损失及应用细胞工程技术对植物脱病毒的显著效果，让学生认识到细胞工程在促进社会经济发展中的重要作用，引导学生树立科学技术为社会经济发展服务的观念，培养学生的社会责任感。

4. 案例描述：

教学具体内容：

（1）植物细胞工程技术的主要应用领域。

植物的脱病毒与快速繁殖，植物特殊倍性的创造，植物体细胞杂交，植物次生代谢产物生产，植物新品种的培育。

（2）植物细胞工程技术应用举例——植物的脱病毒。

植物在生长过程中经常会受到病毒的侵染而引起病害。病毒侵染植物引起的病症可以出现在植物的叶片、茎秆、果实等部位。病毒病对植物的危害很大而且难以防治。比如，马铃薯由病毒侵染导致植株出现矮化、卷叶和花叶等症状，是造成马铃薯品种退化和产量降低的主要因素。马铃薯病毒病在我国乃至世界广泛发生，引起的产量损失一般为30%～40%，严重时可达80%～90%。

利用细胞工程技术，马铃薯经过茎尖培养就可以脱去病毒，这样就能使感染了病毒的马铃薯恢复到健康状态，原品种的优良特性也得以恢复，大幅度提高了马铃薯的产量，增加了种植户的收益，满足了市场对马铃薯的需求。马铃薯茎尖培养脱病毒的原理是利用病毒在植物体内分布的不均匀性，茎顶端的生长点部位一般没有病毒，所以茎尖组织经过培养，再生的植株可以脱去病毒。

教学方法设计：

在《细胞工程》课程绪论的教学中，其中一部分内容是植物细胞工程技术的应用。在讲授这部分内容时，先介绍植物细胞工程技术的主要应用领域，然后介绍植物细胞工程技术应用举例——植物的脱病毒。在植物细胞工程技术应用举例这部分内容中，介绍病毒侵染植物后对植物的生长和产量的影响及对农业生产造成的损失，并讲授应用细胞工程技术对植物脱病毒的显著效果。通过讲授这部分内容，让学生认识到细胞工程在促进社会经济发展中的重要作用，引导学生树立科学技术为社会经济发展服务的观念。

《免疫学》“课程思政”教学案例

课程编号：40153C01 **课程类别：专业选修**

适用专业：生物工程

执 笔 人：伊兆红 **参加人员：申晓鸿**

1. 案例主题：接种疫苗，抗击疫情——抗体的作用及制备。

2. 结合章节：《免疫学发展简史》《抗体的发现、概念、结构、分类及生物学功能》《多克隆抗体的制备实验》。

3. 案例意义：通过对免疫学发展简史的介绍，让学生了解历史上重大传染病的发生及对人类造成的危害，认识到免疫接种对预防传染病的重要性和必要性，增强学生对于维护身体健康、预防传染病发生的健康意识。通过学习抗体基本知识，使学生理解抗体在免疫应答中的作用和机制。通过开展多克隆抗体制备实验，使学生理解多次免疫接种会增强抗体的效价。

4. 案例描述：

(1) 疫苗的重要性。

免疫学的发展是人类与致病性微生物传播的疾病长期作斗争的结果。人类早在 17 世纪，就用人痘和牛痘接种预防天花，拉开了经验疫苗免疫的新篇章。到 19 世纪中叶，狂犬疫苗和鸡霍乱菌疫苗等被研制，用来预防狂犬病等。虽然这些经验性的预防接种的原理尚不清楚，但是显示了疫苗在预防传染病中的作用。时至今日，各类疫苗的接种，如乙肝疫苗、破伤风疫苗等，足以证明接种疫苗对人类健康的重要作用。

(2) 抗体的发现。

1890 年，德国学者埃米尔·阿道夫·冯·贝林（Emil Adolf Von Behring）用白喉毒素注射正常的动物，动物的血清中产生能中和白喉毒素的物质，称作“抗毒素”，这种抗毒素能治愈患白喉病的小女孩。这一卓著的免疫研究工作获得了 1921 年诺贝尔医学奖。

（3）抗体的概念。

抗体是指机体受到抗原的刺激，淋巴细胞识别抗原后，活化、增殖分化为浆细胞而产生的具有保护作用的蛋白质，它能与相应的抗原特异性地结合，是介导体液免疫重要的效应分子。仅被发现存在于脊椎动物的血液等体液及其B淋巴细胞的细胞膜表面。

（4）抗体的功能。

识别特异性的结合抗原，从而中和毒素，阻止病原体入侵。激活补体系统产生巩膜复合体，溶解细胞。抗体通过其Fc段与中性粒细胞和巨噬细胞或NK细胞表面受体结合，增强免疫细胞的吞噬作用或介导细胞毒作用，直接杀伤靶细胞。

（5）新型冠状病毒疫苗。

目前我国经过国家药监局批准上市的三种疫苗分别是：灭活疫苗、腺病毒疫苗和重组亚单位疫苗。

新型冠状病毒灭活疫苗是先对病毒进行培养，然后用理化方法灭活处理后制成的生物制品。该疫苗无致病性，但是保留病毒的免疫原性，接种后可产生保护性抗体，并有效预防感染新型冠状病毒。特点是疫苗的成分与天然病毒相似，免疫反应好。

腺病毒疫苗是将病毒的核酸片段装到安全处理过的腺病毒载体上，进入人体从而激活人体的免疫系统，特点是生产成本低。

重组亚单位疫苗是蛋白质表达和纯化的过程，没有活病毒参与，疫苗生产过程非常安全，容易大规模生产。

（6）接种新冠疫苗的重要性和必要性。

新型冠状病毒流行和肆虐两年多，夺走了上千万人的生命，给人类的健康带来巨大威胁，给经济造成巨大损失。接种新冠疫苗是防控新冠肺炎疫情、保护易感人群最经济、有效的方式。与国外相比，我国的新冠疫苗在安全性、有效性上毫不逊色，这离不开国家不计成本的巨大投入。接种疫苗，既是对自己和家人的关爱和呵护，也是对社会和国家义不容辞的责任和担当。

《细胞生物学》“课程思政”教学案例

课程编号：40131002 **课程类别：专业基础课**

适用专业：生物工程

执 笔 人：陈青

案例一：

1. 案例主题：君子爱美，取之有道——科学补充胶原蛋白。

2. 结合章节：《细胞的社会性联系——细胞外基质》。

3. 案例意义：党的十八大以来，党中央把维护人民健康摆在更加突出的位置，印发《“健康中国 2030”规划纲要》，发出建设健康中国的号召，明确了建设健康中国的大政方针和行动纲领。

以爱美人士通过各种方式补充胶原蛋白，最终导致美容变毁容作为案例，让学生明确如何科学补充胶原蛋白，并进一步倡导学生珍爱生命、形成健康的生活方式，水到渠成地对学生进行“健康中国建设”教育。

4. 案例描述：

（1）案例概述。

通过引入多家公司陷胶原蛋白骗人风波、明星代言胶原蛋白产品被打假等多个社会热点事件，引导学生对如何科学补充胶原蛋白展开思考，并进一步倡导学生珍爱生命、形成健康的生活方式。

（2）教学内容。

先引入社会新闻：张女士盲目内服胶原蛋白导致形成脂肪瘤、双美胶原蛋白毁容事件、T 企业卷入的胶原蛋白骗人风波、林先生推销的“不老饮品”被打假等一系列社会热点事件。然后教师提问：“许多爱美人士陷入补充胶原蛋白的热潮，商家瞄准商机推出了各种胶原蛋白产品，包括口服、涂抹、打针等方式，这样真能补充胶原蛋白吗?”让学生结合细胞的社会性联系中关于胶原蛋白的相关知识回答问题，并对如何科学补充胶原蛋白展开讨论。引导学生认识到：科学补充胶原蛋白，其实只要摄入足够的优质蛋白（如瘦肉、鱼虾、蛋、奶和大豆），多吃新鲜的蔬菜水果（补充维生素C），保证饮食均衡、生活规律、睡眠充足、激素平衡，那么身体合成胶原蛋白就会很顺利。特别注意：肾功能不全的患者不要补充过多含胶原蛋白的食品，因为过多的胶原蛋白代谢产生大量含氮废物，会加重肾脏负担。倡导学生不要熬夜，早睡早起，多做运动，珍爱生命，形成健康的生活方式。此外，提醒学生打针后过敏等问题给自己身心造成的伤害将是无法弥补的，倡导学生理性消费。

（3）教学方法。

课前一周利用课程中心和微信群布置案例，提出问题“口服、涂抹、打针等方式补充胶原蛋白是否真的有效，有无风险”。让学生预习相关知识点。课上，在完成细胞外基质、胶原蛋白的结构与功能、弹性蛋白的结构与功能等相关知识点的讲解后，利用学生感兴趣的美容话题引入案例，组织讨论。

案例二：

1. 案例主题：中国科学家的创新之路——蛋白质高分辨率结构的解析。

2. 结合章节：《细胞生物学研究方法——冷冻电子显微镜》。

3. 案例意义：以施一公团队利用冷冻电镜技术解析了核孔复合体（NPC）高分辨率结构，震撼结构生物学界为案例，引申出施一公团队、周强团队的一系列世界级的突破性工作，激发学生的民族自信心和使命感，增强学生的学习动力，为实现科技兴国贡献自己的一份力量，培养学生的家国情怀。

4. 案例描述：

（1）案例概述。

通过介绍施一公团队利用冷冻电镜技术解析核孔复合体（NPC）高分辨率结构、剪接体、多囊蛋白结构，周强团队利用冷冻电镜解析新冠病毒细胞表面受体ACE2结构等一系列中国科学家的卓越工作，激发学生科学创新的激情，增强学生的民族自信心和使命感。

（2）教学内容。

在介绍2017年诺贝尔化学奖冷冻电子显微镜的知识点时，引出我国科学家施一公团队利用冷冻电镜技术解析了来自非洲爪蟾NPC的胞质环的近原子分辨率结构以及环绕NPC的腔环结构。这一成果与剪接体结构被*Nature*杂志评为结构生物学领域两个最被期待解决的重大科学问题（亦被称为两大"圣杯"）。剪接体、多囊蛋白等多个重要蛋白结构的解析工作同样也是该团队利用冷冻电镜技术的研究成果。此外，西湖大学周强团队首次成功解析了新型冠状病毒细胞表面受体 ACE2 的全长三维结构，团队还和陈薇院士团队合作，利用冷冻电镜解析了新冠病毒 S 蛋白与中和抗体 4A8 复合物的结构。该抗体是从新冠肺炎康复病人的免疫细胞中筛选和鉴定的，针对新冠病毒 S 蛋白的 N 端结构域，具有强病毒中和能力。该研究对于靶向新冠病毒氮端结构域的药物设计具有重要意义。通过介绍我国科学家冷冻电镜领域众多突破性进展，激发学生的民族自豪感、文化自信，鼓励学生要有勇于科学创新的精神，激发学生的创新意识和使命意识。此外，施一公团队还把核孔复合体（NPC）这个世界顶刊水平的研究成果献给了国产期刊领头羊——*Cell Research*，力挺国家关于破除"唯论文"论不良导向、打造中国高质量科技期刊的倡导。通过以上科学家开拓进取、淡泊名利的事例，引导学生树立正确的人生观、价值观和世界观。

（3）教学方法。

课前一周将学生分组，利用课程中心和微信群布置作业，查找我国科学家利用冷冻电子显微镜技术所做的开创性工作，如施一公、周强、王宏伟等人的工作。课前，组内成员预习相关知识点、合作准备资料、制作 PPT。课中，小组汇报并相互讨论，再由授课教师对课堂讨论进行总结。

案例三：

1. 案例主题：追求真理——细胞死亡研究的台前幕后。

2. 结合章节：《细胞死亡》。

3. 案例意义：以诺贝尔奖获得者约翰·苏尔斯顿（John Sulston）的事迹为案例，介绍科学家潜心治学的故事，引导学生学习科学家坚持不懈的探索精神、严谨治学的科学态度。

4. 案例描述：

（1）案例概述。

通过介绍诺贝尔奖获得者约翰·苏尔斯顿（John Sulston）十年如一日，潜心研究线虫发育谱系的故事，引导学生学习科学家精神。一切科研成果的获得，无不是科学家默默研究、潜心钻研的结果。科研路上，要耐得住寂寞。

（2）教学内容。

在讲解细胞凋亡的分子机制知识点时，介绍2002年诺贝尔生理学或医学奖获奖内容——器官发育与程序性细胞死亡，引出本案例主角——诺贝尔奖获得者约翰·苏尔斯顿。从20世纪60年代末起，英国剑桥桑格中心的约翰·苏尔斯顿就开始追踪秀丽隐杆线虫组织发育过程中每一个细胞的分裂和分化过程。约翰·苏尔斯顿用10年时间完成了从受精卵直到成体的959个细胞的系统研究，在显微镜下绘制了秀丽隐杆线虫细胞谱系。据说因为他这边用解剖镜来挑线虫，那边用显微镜来观察，凳子挪来挪去，实验室地板被磨了一道坑。通过这个故事，引导学生明白只有真正懂得摒弃浮躁、放下功利，坐得十年冷板凳，硕果才会随之而来。

（3）教学方法。

课中由授课教师讲述约翰·苏尔斯顿十年如一日，潜心研究线虫发育谱系的故事。

《京剧常识与鉴赏》“课程思政”教学案例

课程编号：40121301 **课程类别：公共选修**
适用专业：全校各专业
执 笔 人：赵筱萌 **参加人员：赵筱萌**

案例一：

1. 案例主题：蓄须明志，不屈的民族气节——京剧“三大贤”之梅兰芳。

2. 结合章节：《京剧的孕育与成熟》。

3. 案例意义：梅兰芳的艺术道路与京剧鼎盛时期相始终。他对于京剧艺术的巨大贡献可谓“前无古人，后无来者”。作为有民族气节的爱国志士，他深爱着自己的祖国。1938 年，梅兰芳在香港演出后便深居简出不再登台，蓄须明志，宁可卖房度日，也绝不在日本侵略者的统治下登台演出。为拒绝演出，他用打伤寒预防针的方法，宁愿忍受身体上的痛苦，也不愿意向日本人低头。通过讲述梅兰芳的故事，使学生懂得作为中国人必须具备不屈的民族气节和坚定的爱国主义精神。

4. 案例描述：

20 世纪初期，京剧艺术得到进一步发展，并达到巅峰。这一时期的京剧演出市场空前繁荣，人才辈出，名家荟萃，流派纷呈，剧目繁盛。许多杰出的表演艺术家和高水平演员把京剧艺术推向了一个新的高峰。1920 年前后，北京京剧界中有三位曾得谭鑫培亲炙的演员，逐渐被公认为继谭鑫培之后的菊坛领军人物，时人誉为“三大贤”，他们就是杨小楼、余叔岩和梅兰芳。

1937 年 8 月 13 日，日军进攻上海，淞沪战事爆发。日寇占领上海不久，得知蜚声世界的京剧第一名旦梅兰芳住在上海，就派人请梅兰芳到电台讲话，让其表示愿为日本的“皇道乐士”服务。梅兰芳洞察到日本人的伎俩后，便决定尽快离沪赴港，摆脱日寇纠缠。于是他一边给日本人带口信说，最近要外出演戏，一边携家率团星夜乘船赴港。

梅兰芳来到香港后，深居简出，不愿露面。1941 年 12 月下旬，日军侵占香港，梅兰芳苦不堪言，担心日本人会来找他演戏，决心采取一项大胆举措：留蓄胡子，罢歌罢舞，不为日本人和汉奸卖国贼演出。他对友人说："别瞧我这一撮胡子，将来可有用处。日本人要是蛮不讲理，硬要我出来唱戏，那么，坐牢、杀头，也只好由他了。"

1942 年 1 月，香港的日本驻军司令酒井看到梅兰芳留蓄胡子，惊诧地说："梅先生，你怎么留起胡子来了？像你这样的大艺术家，怎能退出舞台艺术?"梅兰芳回答说："我是个唱旦角的，如今年岁大了，扮相也不好看，嗓子也不行了，已经不能再演戏了，这几年我都是在家赋闲习画，颐养天年啊!"翌日，梅兰芳感到事态十分严峻，香港也成了是非之地，不能久留。于是他立即坐船返沪，回到阔别三年多的上海老家。

国民党亲日派首领、大汉奸汪精卫，在南京成立伪国民政府后，自任主席兼行政院长，并在上海大都市设立特务机关。特务头子吴世宝提出要宴请梅兰芳，并劝梅兰芳做一次慰问演出。梅兰芳深感局势严重。就在这关键时刻，梅夫人吩咐儿子从抽屉里拿出一支四联防疫针，找出针筒，赶快躺在床上，注射药物。不一会儿，梅兰芳真的开始发起高烧来了。日本人来后，摸了摸梅兰芳滚烫的额头，只好无奈地摇着头走了。

梅兰芳断了经济来源，生活自然拮据，他只好挥泪卖了北京的房子，接着又卖了自己多年收集的藏品。沦陷区的上海一片混乱恐慌，不是停水停电，就是空袭警报，市民生活得提心吊胆。梅兰芳在这种艰苦环境里作画，克服了一系列难以想象的困难，画技大有长进。经过八个月的苦战，他一个人就画了 170 多幅画，题材十分广泛，包括仕女、佛像、花卉、松树、梅花等，1945 年春同叶誉虎的作品一起在上海成都路中国银行的一所洋房里展出，受到广大参观者的好评。展览结束后，梅兰芳为了生活，被迫将其中大部分作品卖掉，所得收入一是还债，二是安排家庭生计，三是资助剧团里生活更困难者。梅兰芳苦涩地回忆着这几年的沧桑历程，心境忧闷地对朋友说："一个演员正在表演力旺盛之际，因为抵抗恶劣的社会环境而蓄须谢绝舞台演出，连嗓子都不敢吊，这种痛苦我无法用语言来形容。我之所以绘画，一半是为了维持生活，一半是借此消遣。否则，我真是要憋死了。"

梅兰芳在抗战期间断然蓄须明志，不为民族的敌人演出，表现了一代艺术大师不屈不挠的刚强骨气。这一事件成为神州大地感人的佳话，在国人中广为传颂，极大地鼓舞了中国人民奋勇抗战的决心。

案例采取引入式教学方法，在介绍梅兰芳大师艺术成就后介绍其优秀的民族气节和爱国精神。

《化工原理》“课程思政”教学案例

课程编号：40141003 **课程类别：专业核心课**

适用专业：应用化学

执 笔 人：高娃

案例一：

1. 案例主题：热量传递与青藏铁路——传热的基本方式。

2. 结合章节：第三章《传热》第一小节《传热的三种基本方式》。

3. 案例意义：青藏铁路，作为闻名遐迩的世界级工程奇迹，自通车以来，为西藏的经济发展做出了巨大贡献。在青藏高原上修建铁路极为困难，除了恶劣的气候和环境，最难解决的技术难题就是防止高原多年冻土夏季大量融化、冬季过度膨胀。通过介绍我国工程师充分利用热传递的三种方式——热能的辐射、对流和传导，将热棒路基结构应用于青藏铁路，有效破解了高原冻土难题，激发了学生的学习兴趣，培养学生具有工程观点和工程思维方式（知识要求），使学生具备发现、分析和解决工程问题的初步能力（能力要求）。通过介绍青藏铁路数万名建设者不辱使命的责任意识、以人为本的建设理念、顽强拼搏的奉献情操、务实创新的科学态度、勇攀高峰的攻坚品格，培养学生的家国情怀和精益求精的意识（素质要求）。

4. 案例描述：

（1）课前任务。

设置问题导向：

教师利用课程中心平台推送课前学习视频《百炼成钢：青藏铁路》，学生观看视频并思考问题：我们在课堂上所学的理论知识是如何应用到实际工程案例中的？

（2）课中环节。

新课导入：

传热不仅是自然界中普遍存在的能量传递现象，也是工业生产中最常见的单元过程之一。无论在能源、化工、机械等工业生产领域，还是在建筑、农业、环境保护等其他领域，都涉及传热过程，相关问题的解决都需要传热学的基本知识。同学们是否了解在我们国家的重大工程中涉及的传热知识？我们在课堂上所学的理论知识是如何应用到实际工程案例中的？请带上这些问题，一同走进今天的课堂——传热的三种基本方式。

案例导入：

以故事形式导入，讲述如何解决青藏铁路在建设过程中遇到的世界性难题——防止高原多年冻土夏季大量融化、冬季过度膨胀，与知识点相结合，组织和引导学生积极参与讨论和探索，引起学生的情感共鸣。

教师讲解：

青藏铁路，作为闻名遐迩的世界级工程奇迹，自通车以来，为西藏的经济发展做出了巨大贡献。在青藏高原上修建铁路极为困难，冻土随着季节交替不断冻结、融化，会造成路基冻胀、下沉，严重影响铁路通车。

想要让青藏铁路的路基稳定，就必须保持冻土的热稳定性，而冻土有一个温度阈值（临界值），超过这个温度，冻土就会融化。因此，保持冻土热稳定性的最好办法就是给路基降温、保温，将温度保持在融化温度阈值之内。给路基保温有两个办法：一个是主动措施，另一个是被动措施。主动措施是指能够主动冷却地基多年冻土的技术，被动措施是指依靠材料或结构增大热阻，减少传入多年冻土中的热量的技术。被动措施的原理就是充分利用辐射、对流和传导三种热传递的方式，具体措施包括：铺设隔热层、布设热棒路基结构等。

在上述措施里，布设热棒路基结构无疑是最令人瞩目的一种（图 1）。想想看，将一排排钢棒斜插在铁路路基两侧，无论春夏秋冬，都能让路基下面的永久冻土层在火车重压之下保持冷冻状态，是不是非常神奇？那么，看起来很普通的热棒是如何给路基降温的呢？热棒是一根密封的管子，里面填充了氨、氟利昂、丙烷、二氧化碳等，管子的上段是冷凝器，下段为蒸发器，中间为绝热段，通俗讲就是“吸热段、绝热段和散热段”三部分。当热桩下段吸收热量后，液态物质会转化为气态，然后上升至冷凝器，热量通过冷凝器散发。气态物质再液化为液态，在重力的作用下流回热棒下端。热棒里的物质在气态和液态之间不断转换，依靠热棒的单向导热性和高效的传热与散热效率，源源不断地带走路基的热量，从而保持路基温度的稳定。在寒冷的冬季，空气的温度低于冻土层的温度，热量就会源源不断地被吸走。到了暖季，情况正好相反，空气的温度大于冻土层的温度，气态物质无法散热进行冷凝，吸热段的液体物质停止蒸发，管内达到气液两相平衡，热棒停止工作，使得外界的热空气无法反向进入路基冻土层，从而起到了保温作用。

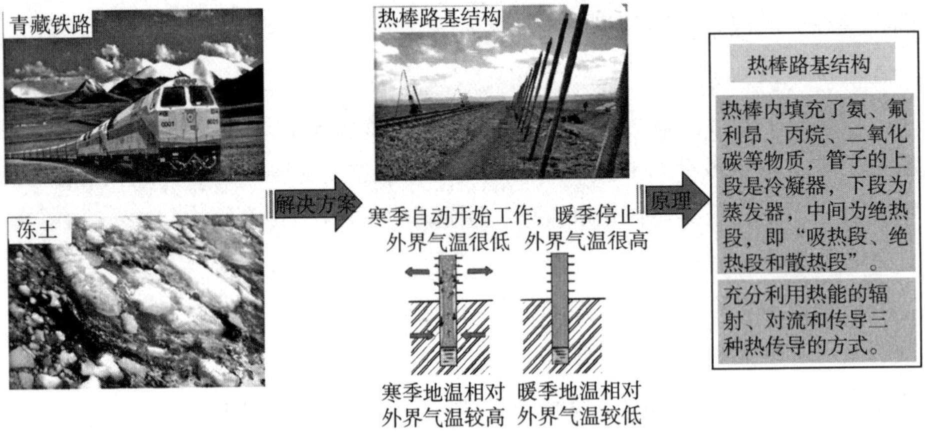

图 1　传热的思政案例示意图

“英雄筑天路，敢为天下先”是新时代交响乐中奏出的响亮音符，也是建设者于大好河山写下的热血诗篇。同学们要奋发学习，积极实践，树立投身于强国伟大事业的理想。

师生互动：

为了进一步深入了解该工程案例及相关的专业知识点，教师将学生分成三个小组，在规定时间内完成任务（任务以问题的形式发布）。

第一小组：青藏铁路修建过程中解决冻土问题运用了传热内容中的哪个知识点？

第二小组：同学们自行查阅资料，探究在其他的路基降温技术中又充分体现了科技人员的哪些智慧？

第三小组：通过了解该工程案例，同学们有哪些感触和收获？

各小组成员自行分配任务、讨论，并由负责人将答案整理、汇总，可以通过课件、视频或报告等形式上传到学校课程中心平台。

（3）课程反思环节。

课程内容结束后，教师根据教学平台系统的课堂报告、学生分数排名进行总结，并邀请学生就学习的课程内容进行课程评价。

案例二：

1. 案例主题：实现碳中和，尽显高科技——导热系数的应用。

2. 结合章节：第三章《传热》，第二小节《导热系数》。

3. 案例意义：简述案例所反映的思政映射与融入点，明确案例选用的意义，字数不超过 300 字。

冬季奥运会颁奖礼仪服是奥运会场一道靓丽的风景线。冬奥会场馆温度最低可达零下 30 多度，在如此冷的环境中，如何让颁奖礼仪服装既美观舒适，又能保暖呢？通过介绍颁奖礼仪服装内胆里添加的石墨烯发热材料，引出石墨烯是目前已知的导热系数最高的一种新型纳米材料知识，进而讲解传热章节中的重要知识点——导热系数。通过介绍案例所涉及的科学技术发展成果，帮助学生了解我国化工行业理论的前沿知识、应用前景（知识要求）；培养学生运用现代信息技术跟踪新理论、新知识、新技术的自主学习能力，并鼓励学生将理论知识和实践联系起来，求真务实，提升自己的实践能力（能力要求）；激发学生对科学探索的兴趣，培养勇于创新、崇尚科学的态度与精神（素质要求）。

4. 案例描述：

（1）课前任务。

设置问题导向：

教师通过课程中心平台发起讨论：满满科技范儿！冬奥背后的“顶流”成果刷新你的想象。请同学们查阅资料，在北京冬奥会上有哪些科技创新让你印象深刻？

（2）课中环节。

案例导入：

北京 2022 年冬奥会落下了帷幕，无论是场馆设施、观众观赛，还是防疫手段、智能餐饮，众多新科技在北京冬奥会上惊艳亮相，科技冬奥彰显出中国智慧与中国力量，让我们深深地感受到了科技赋能冬奥会的魅力。那么同学们还有没有注意到其他细节呢？比如说，冬奥会颁奖礼仪服，礼仪服绝对是奥运会场一道靓丽的风景线，这里面暗藏了什么黑科技呢？与知识点相结合，组织和引导学生积极参与讨论和探索。

教师讲解：

和夏季奥运会不同，冬奥会场馆温度最低可达零下 30 多度，在如此冷的环境中，如何让颁奖礼仪服装既美观舒适，又能保暖呢？本次冬奥会和冬残奥会颁奖礼仪服装内胆里特意添加了一片片黑色的材料——这就是针对本届冬奥会研发的第二代石墨烯发热材料（图 2）。

图 2　传热的思政案例示意图

石墨烯是一种目前已知的导热系数最高的新型纳米材料，具有超高强度、超高导热系数，被业界誉为“新材料之王”。导热系数代表了物质的导热能力。石墨烯发热服饰兼具柔软、透气、耐弯折的性能，可以实现在零下 40℃超低温环境下启动，温度在 38～52℃调节，50 次水洗性能不衰减，而且多个区域发热，能很好地满足人们在超低温环境下的使用需求。

为应对冬奥会室外赛场的低温环境，做好工作人员及设备的防寒保暖保障工作，应用石墨烯发热技术研发的保暖产品应运而生，发热围巾、手套、袜子等可让工作人员实现穿着舒适的同时，满足低温环境人员保暖需求。除了满足工作人员的保暖需求，冬奥会期间的对讲机、云转播包、手机、摄影机等专业设备也需要保暖。据介绍，配备石墨烯保暖的设备，可以保障设备在零下 20℃正常开机使用。

导热系数代表了物质的导热能力，作为物质的基本物理性质之一，导热系数的数值与物质的结构、组成、温度、压强等许多因素有关。接下来将具体学习导热系数的公式及不同物质的导热系数。

师生互动：

同学们进一步思考，导热系数在我们的日常生活中有哪些应用呢？冬天走在浴室的瓷砖上会感觉比走在地毯上冷多了，房子内部的温度是一样的，为什么地毯和瓷砖的温度给人的感觉不同呢？

同学们自行查阅资料，可以以课件、视频或报告等形式，在下节课上与大家分享。

（3）课程反思环节。

课程内容结束后，教师根据教学平台系统的课堂报告、学生分数排名进行总结，并邀请学生就学习的课程内容进行课程评价。

案例三：

1. 案例主题：“双碳”背景下的大国风范及科学精神——吸收概述。

2. 结合章节：第五章《吸收》第一小节《吸收概述》。

3. 案例意义：将学科交叉的思想与方法融入教学，通过“气候变化应对”“碳达峰和碳中和”专业知识与“我国应对气候变化历史案例”“碳捕集及资源化工程案例”“碳减排最新科研成果”三类思政案例结合（图3），帮助学生了解我国化工行业的理论前沿知识、应用前景（知识要求）；培养学生科学的逻辑思维能力和专业实践能力，使学生具备发现、分析和解决工程问题的初步能力（能力要求）。激发学生科学探索的兴趣，培养勇于创新、崇尚科学的态度与精神；理解化工科学技术与社会发展的相互作用，强化学生为国家富强、民族昌盛而奋斗的理想、事业心和责任感（素质要求）。

全新突破！从二氧化碳到淀粉的全合成，我国科学家实现了！

（科学精神 ）

图3 《吸收》的思政案例示意图1

4. 案例描述：

（1）课前任务。

设置问题导向：

为什么会出现气候变化？如何有效缓解？如何实现碳资源的有效捕集及资源化？导入部分将本节内容用连环相扣的问句串联起来，使学生在学习前对本节课要接触的新知识了然于心。

（2）课中环节。

案例导入：

由“气候变化→碳中和→碳捕集及资源化”的思路导入课程思政。通过融入我国在应对气候变化过程中的推动碳减排政策、技术应用等内容，引导学生反思，实现培养学生家国情怀、科学精神、环保情怀的思政育人效果及目的。

教师讲解：

联合国政府间气候变化专门委员会根据（IPCC）《全球 1.5℃增暖特别报告》，将碳中和（carbon - neutral）定义如下：当一个组织在一年内的二氧化碳排放通过应用二氧化碳去除技术达到平衡，就是碳中和或净零二氧化碳排放。越来越多的国家正在将碳中和定为国家战略，提出了无碳未来的愿景。2020 年 9 月 22 日，习近平主席郑重向国际社会宣布：中国碳中和仅用 30 年实现愿景。充分展现了我国积极应对气候变化的雄心与决心，这是真正的大国格局、大国战略、大国担当。习近平主席曾说应对气候变化是全人类的共同事业。当发达国家提出要用“80 年的时间实现碳中和”时，我国却作出了“30 年”的承诺；当资本家正密谋着把粗工业工厂开到哪个发展中国家时，我国领导人向世界提供了“中国方案”，为实现人和自然和谐共生而跨步向前。泱泱中华，彰显大国格局。

中国科学院天津工生所在淀粉人工合成方面取得突破性进展，在国际上首次实现二氧化碳到淀粉的从头合成。相关成果于 9 月 24 日在线发表在国际学术期刊《科学》上。目前，淀粉主要由玉米等农作物通过自然光合作用固定二氧化碳生产，合成与积累涉及约 60 步代谢反应以及复杂的生理调控，理论能量转化效率仅为 2%左右。按照目前的技术参数推算，在能量供给充足的条件下，在该研究中，理论上 1 立方米大小的生物反应器年产淀粉量相当于 5 亩土地种植玉米的淀粉年平均产量。如果未来该系统过程成本能够降低至与农业种植相比具有经济可行性，将可能节约 90%以上的耕地和淡水资源，同时减少农药、化肥等对环境的负面影响，提高人类粮食安全水平，促进碳中和的生物经济发展，推动形成可持续的“生物基社会”。

二氧化碳捕集利用与封存（CCUS）是实现碳中和目标的重要手段之一。CO_2捕集是指将电力、钢铁、水泥等行业利用化石能源时产生的CO_2进行分离和富集的过程（图 4）。可以采用吸收法从燃烧后的烟气中分离并富集CO_2，在该过程中使用醇胺溶液先吸收烟气中的CO_2，随后再通过加热再生的方法，将捕集到的CO_2脱附收集。利用二氧化碳捕集技术捕集的碳，不仅可以重新在工业领域大规模使用，也可以埋藏起来。

师生互动：

那么，在日常生活中，我们能做哪些力所能及的小事来助力碳中和呢？请同学们做一份社会调研，将结果以课件、微视频或报告的形式上传至课程中心，并在下节课上与大家分享。

（3）课程反思环节。

课程内容结束后，教师根据教学平台系统的课堂报告、学生分数排名进行总结，并邀请学生就学习的课程内容进行课程评价。

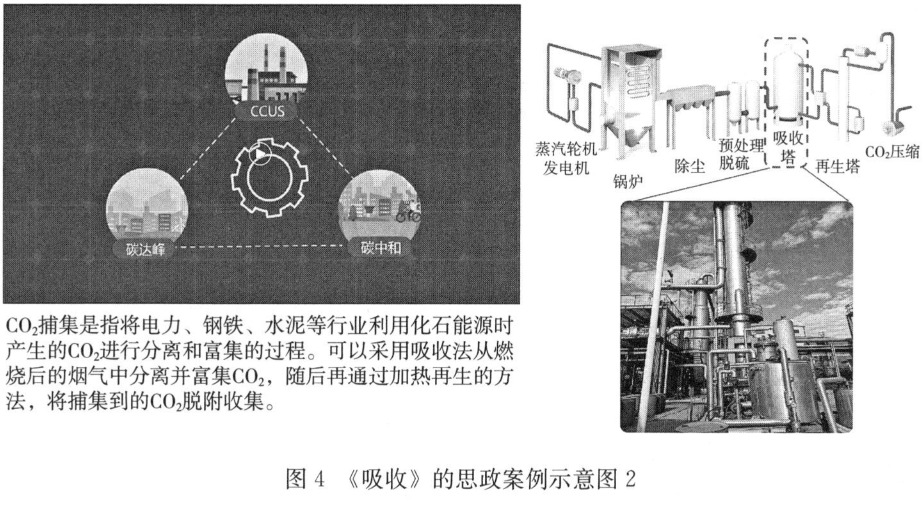

图 4 《吸收》的思政案例示意图 2

《绿色化学》“课程思政”教学案例

课程编号：40151C01　　**课程类别：专业选修课**

适用专业：生物工程、应用化学

执 笔 人：曲江兰　　**参加人员：赵汗青、贾临芳、梁丹**

1. 案例主题：绿色农药。

2. 结合章节：第六章《绿色化学与农业》第三节《绿色农药》。

3. 案例意义：介绍我国科学家在绿色农药领域的前沿进展，培养学生严谨求实、勇于创新的科研精神；结合国家在农药领域减量增效的发展和农业生态环境保护实例，培养学生生态文明与可持续发展理念；介绍绿色农药在粮食安全领域的应用，培养学生知农、爱农的行业使命感和服务乡村振兴的使命感与“三农”情怀（图1）。

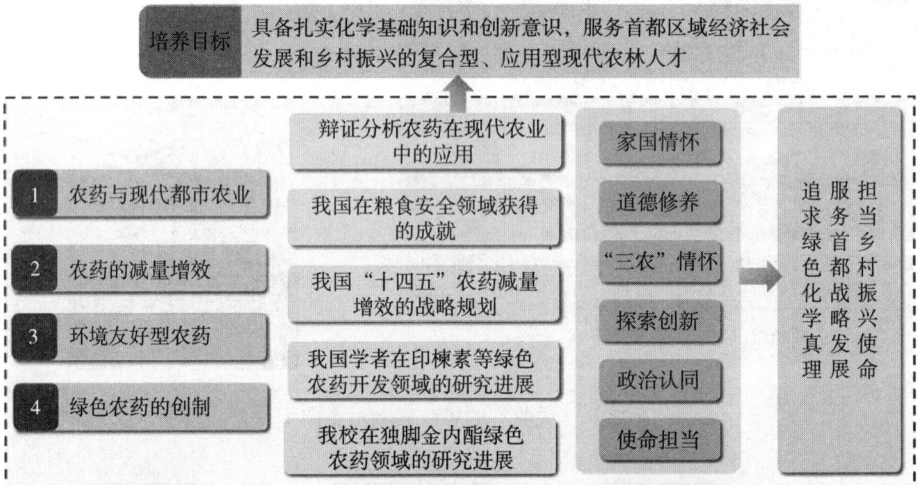

图1 《绿色化学》“课程思政”教学思路

4. 案例描述：

引课：

以除虫植物引出植物源绿色农药（图 2），结合粮食安全、食品安全提出现代都市农业发展中的农药减量增效和绿色防控问题，引导学生关注社会、关心农业，进而产生对绿色农药的学习兴趣和求知欲望。

图 2　植物源绿色农药

绿色农药的构效关系：

通过分析传统农药的应用现状，探寻农业绿色和高质量发展的途径，启发学生意识到农药减量增效是确保国家粮食安全、食品安全的关键（图 3）。

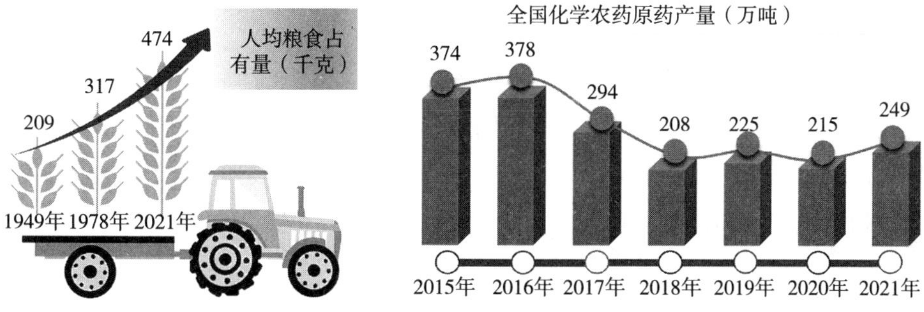

图 3　我国人均粮食占有量与化学农药原药产量

引导学生思考印楝素的合成方法和杀虫机理，培养学生利用理论知识分析实验结论的能力，培养学生质疑的科学精神。辩证唯物主义、知农爱农理念在课程教学中逐渐呈现和深化。

绿色农药的设计合成：

通过介绍我国昆虫学家赵善欢院士在印楝素领域的贡献（图 4），体现学科前沿发展，启发学生思考追寻科学研究的意义，培养科技兴农的责任感。注重家国情怀与责任担当在课程教学中的激发和培养。

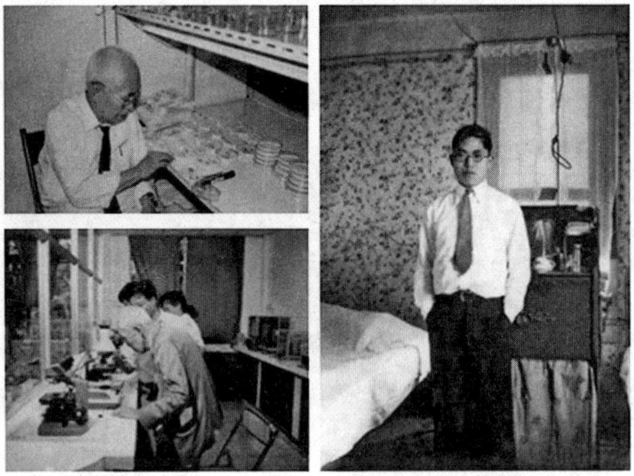

图 4　赵善欢院士在印楝素领域的贡献

在学习绿色农药的基础上，使学生产生对开发新型绿色农药的研究欲望，教师增加学生学习挑战度，让学生结合科研训练，提交绿色农药合成实验的课堂报告，教师点评生成性问题。翻转课堂增强师生学习共同体的意识，在课程教学中培养学生的科学素养、创新能力。

总结：

通过内容总结，使学生形成完整的知识框架，引导学生课后阅读前沿研究文献，分析除虫菊酯的构效关系，利用微信公众号科普绿色农药，参与线上思政讨论，思考现代都市农业与绿色农药的发展。辩证唯物主义、知农爱农理念在课程教学中逐渐呈现和深化。

《有机化学Ⅰ/Ⅱ》“课程思政”教学案例

课程编号：40131013/40131005　　　　课程类别：专业基础课

适用专业：应用化学、生物工程、植物保护、农业资源与环境、园艺、农学、动物医学、动物科学、园林、林学、食品科学与工程、食品质量与安全、酿酒工程等

执 笔 人：赵汗青　　　　参加人员：吴昆明、夏子豪

1. 案例主题：科学没有国界，但科学家有祖国。

2. 结合章节：第八章《醛酮—黄鸣龙还原反应》。

3. 案例意义：以我国著名化学家黄鸣龙的事迹，讲述中国科学家优秀的科研成果和努力奋斗为国奉献的故事，培养学生的爱国主义精神、为国家发展奋斗终生的信念。结合黄鸣龙的科研历程和科研贡献，培养学生务实创新、理论联系实践的科研精神。培养学生浓浓的民族自豪感和家国情怀，进而培养作为农业院校学生的“三农”情怀和服务“三农”的使命感。

4. 案例描述：

（1）教学方法。

互动教学，让学生提前准备问题答案，了解常见人名反应都有什么。问题导入：“为什么这么多人名反应都是以外国人的名字命名，有没有以中国人名字命名的人名反应？是哪一个?”利用照片和主要成果展示，引入和介绍黄鸣龙院士及具体事迹。

（2）教学内容。

采用教师讲解的方式，介绍黄鸣龙院士生平。

1916—1920 年，黄鸣龙在浙江医药专科学校（现名浙江大学医学院）学习；1920—1924 年，先后在瑞士苏黎世大学、德国柏林大学学习，获哲学博士学位；1924—1928 年，在国内任教；1935 年后，先后在德国维尔茨堡大学化学研究所、德国先灵药厂研究院、英国密得塞斯医院的医学院生物化学研究所、美国哈佛大学化学系、美国默克药厂工作学习；1952年10月，携带家人和科研仪器，经过重重波折经欧洲回到祖国；1952年，任军事医学科学院化学系主任、研究员；1955年，当选为中国科学院数理化学部学部委员；1979年7月1日逝世于上海。

采用教师提问、同学互动回答的方式，介绍黄鸣龙院士的科研成就（网络上、书籍上都可以查到，提前布置话题作业，让学生搜集整理）。

①发现甾族的双烯酮酚反应，并应用于山道年及其一类物的立体化学的研究。

②改良了开息纳尔沃尔夫还原法，被称为“黄鸣龙改良还原法”，是首例以中国科学家名字命名的重要的有机化学反应，也是数千个有机化学人名反应中唯一一个以中国人名字命名的反应（准确地说是1/3个反应）。已写入多国有机化学教科书中。

③以薯蓣皂素为原料，七步合成了可的松，并很快投入生产，是我国甾族激素药物工业的奠基人。研制了中国首创口服避孕药甲地孕酮和其他几种主要甾族计划生育药物。

采用互动教学方式，重点讲解黄鸣龙还原法，介绍发现过程及专业知识内容，在传递知识的同时，传达细心严谨的科研理念，培养学生的科研能力和科研素养。

黄鸣龙还原法基础是 Wolff-Kishner 还原法，他在反应条件上进行了改良，先将醛、酮、氢氧化钠、肼的水溶液和一个高沸点的水溶性溶剂（如二甘醇、三甘醇）一起加热，使醛、酮变成腙，再蒸出过量的水和未反应的肼，待达到腙的分解温度（约200℃）时继续回流3～4个小时至反应完成，这样可以不使用 wolff-kishner 还原法中的无水肼，反应可在常压下进行，而且缩短了反应时间，提高了反应产率（可达90%）。发现过程：有一次，黄鸣龙在做 Wolff-Kishner 还原法实验时临时有事离开，就让学生帮忙照看实验，反应中烧瓶在加热，而烧瓶上的软木塞松动了，但学生没有及时扶正，导致反应生成的水和肼全挥发光。但黄鸣龙回来后却没有丢掉，继续开展工作，并意外发现产物的产率很高。后经进一步深入研究，最终发现了黄鸣龙还原法。

教师讲述黄鸣龙院士所说过的话，介绍并传递老一辈科学家的爱国情怀和报效国家的信念。

他常说：“一个人不能为科学而科学，应该为人民为祖国做出贡献。”

他在一封给海外友人的信中写道：“我庆幸这次回到祖国获得了新生，我觉得自己年轻多了。我以一个儿子对母亲那样的忠诚、热情，竭尽我的努力……如果你也能和我一起在祖国的原野上一同耕耘，多么快乐！我尊敬的教授，回来吧！我举起双手迎接你的归来！”

他说：“一方面，科学院应该做基础性的科研工作，我们不应日光短浅，忽视暂时应用价值尚不显著的学术性研究。但另一方面，对于国家急需的建设项目，我们应根据自己所长协助有关部门共同解决，这是我们应尽的责任。”

教师简单介绍几位科学家，让学生课后搜集资料，发掘课程思政案例和切入点，撰写短文，让学生参与其中，进行沉浸式教学。

放弃国外的优厚待遇，毅然回国的科学家有量子专家段路明，著名凝聚态物理理论科学家牛谦教授，还有姚期智教授，世界著名地球物理学家黄大年教授、杨振宁教授等。

《有机化学》“课程思政”教学案例

课程编号：40133014 **课程类别：公共必修课**

适用专业：生物工程、植物保护、农业资源与环境、园艺、农学、动物医学、动物科学、园林、林学、食品科学与工程、食品质量与安全、酿酒工程等

执 笔 人：吴昆明 **参加人员：吴昆明、赵汗青**

案例一：

1. 案例主题：艰苦付出定有收获——人工合成结晶牛胰岛素。

2. 结合章节：第一章《绪论——有机化学的发展史》。

3. 案例意义：科学的发展不是随便就能实现的，需要付出辛勤的劳动，在探索科学的道路上没有捷径可走，需要孜孜不倦、不畏惧失败、勇于向困难挑战的精神。

4. 案例描述：

（1）教学方法。

课堂讲述。

（2）教学内容。

1956 年初，党中央发出了“向科学进军”的号召。随后，新中国第一个中长期科技发展规划《1956—1967 年科学技术发展远景规划》正式出炉。1958 年 6 月，中国科学院上海生物化学研究所的会议室里，在所长王应睐的主持下，九位科学家一起讨论所里下一步要研究的重大课题。有人提出了一个大胆的设想——要“合成一个蛋白质”。这也是世界上第一个人工合成的蛋白质。时任中国科学院上海生化所研究员的龚岳亭说：“为了证明胰岛素究竟是不是全部做成功，我们一定要做一个小白鼠的痉挛反应实验，那个小白鼠要痉挛的，要跳起来。而当那只小白鼠跳的时候呢，我们全部都跳起来了！”时任中科院上海生化所研究员的陈常庆说：“唯一知道结构的蛋白质就是胰岛素，（英国科学家）桑格 1955 年测定了胰岛素结构，1958 年提出的题目，首选就是胰岛素，没有别的了。”

1958 年底，人工合成胰岛素项目被列入 1959 年国家科研计划，并确定为国家机密研究计划，代号“601”，也就是“60 年代第一大任务”。然而，在此之前，除了味精之外，我国还从未制造过任何形式的氨基酸，而氨基酸正是蛋白质合成的基本材料。在如此困难的条件下，一切都要从零开始。科学工作者将人工合成的产物注入小白鼠体内，测验它的生物活力。小白鼠因体内胰岛素增多而发生惊厥反应，证明这种人工合成的产物就是具有生物活力的人工合成胰岛素。

龚岳亭说：“当时我们连氨基酸都没有，胰岛素有 17 种氨基酸，我们是赤手空拳起家，这 17 种氨基酸全由我们自己搞出来。再有，有的试剂是非常毒的，我们当时因陋就简，在屋顶上搭起一个棚，我们自己戴防毒面具去生产。”

在科研基础十分薄弱、设备极其简陋的年代，历经七年的不懈攻关，这项凝聚着中国科学院生化所、有机所和北京大学三家单位百名科研人员心血的项目，终于获得成功。时任中国科学院上海生化所研究员杜雨沧说：“9 月 17 号那天早晨，我们那个时候在屋顶上，外面有一个平台，所有的照相机都在外面，成败在此一举啊！我们三个人共同打开冰箱，把毛细管拿出来，对着光，假如是结晶的话可以看得见上面有闪光的东西。看见闪光了大家奔走相告，很高兴！马上放到显微镜下去看，那个结晶的样子，和天然胰岛素结晶的样子是一样的。”

1965 年 11 月，这一重要的科学研究成果首次在《科学通报》杂志上公开发表，被誉为“前沿研究的典范”。随后，瑞典皇家科学院诺贝尔奖评审委员会化学组主席蒂斯利尤斯专程到生化所访问，他说：“你们没有这方面的专长和经验，但却成功合成了胰岛素，你们是世界第一！”这是世界上第一次人工合成蛋白质，这项成果获 1982 年中国自然科学一等奖。王应睐因此被著名英国学者李约瑟（Joseph Needham，1900—1995）誉为“中国生物化学的奠基人之一”。

案例二：

1. 案例主题：有机化学新发展——21 世纪材料之王石墨烯。

2. 结合章节：第二章《烯烃——共轭体系》。

3. 案例意义：培养学生科学探索精神，使他们认识新时代新材料技术的发展，作为青年一代应具有发展祖国科学事业的责任感和使命感。

4. 案例描述：

(1) 教学方法。

视频播放。

(2) 教学内容。

有着“21世纪材料之王”之称的石墨烯，不仅能使国产歼20与美国的战斗机一较高下，甚至还有望缩短我国与美国在“隐身技术”上的差距，并成为未来的战机伙伴。石墨烯的结构显示其内部碳原子的排列方式与石墨单原子层一样，以 sp^2 杂化轨道成键，并有如下的特点：碳原子有4个价电子，其中3个电子生成 sp^2 键，即每个碳原子都贡献一个位于 p^2 轨道上的未成键电子，近邻原子的 p^2 轨道与平面成垂直方向可形成 π 键，新形成的 π 键呈半填满状态。石墨烯之所以能够被运用在飞机上，主要是由它的特性所决定的。石墨烯本来是从石墨中分离出来的物质，将石墨一层一层地分开，最后得到薄薄的一层，主要由碳原子组成，这就是石墨烯，所以石墨烯非常轻薄，但是它的韧性非常强，并且具有很好的导电性和导热性，这就使得石墨烯能够成为一种航天材料。

我们都知道飞机在高空中飞行的时候会出现一些难以预料的情况，比如可能会遭遇到闪电等，如果没有一定的防护措施，飞机会遭受巨大的危险，所以工程师们通常会在飞机外壳上镀造一层蒙皮，而对于民用飞机来说，这种蒙皮大多是由金属材料或者复合材料制作而成，但是对于军用飞机来说是不行的。由于军用飞机在飞行过程中，发动机会产生大量的热量，而且会产生大量的电磁波，很容易被敌人监测到，而石墨烯的出现很好地解决了这一问题。

案例三：

1. 案例主题：著名化学家的事迹——有机化学家哈塞尔。

2. 结合章节：第四章《环烃——环己烷的异构》。

3. 案例意义：科学家严谨的科学态度，运用唯物主义科学世界观解决化学重大问题。

4. 案例描述：

(1) 教学方法。

课堂模型展示。

(2) 教学内容。

哈塞尔是挪威有机化学家，在德国柏林大学获博士学位，回国后一直在奥斯陆大学执教。哈塞尔提出了构象概念并把它应用于化学反应。有机化合物的性质不仅与其组成有关，也与其结构有关，要合成染料、医药等结构复杂的化合物，不但要弄清起始原料的结构，还需要测定产物的结构。哈塞尔把研究精力用于和苯相似的环已烷，二者都是具有 6 个碳原子的环状分子，但环已烷比苯多 6 个氢原子，因此不含双键。传统的观念认为，环已烷这类环状分子处于同一平面上，哈塞尔的实验结果推翻了这种说法，认为环已烷的环状结构是立体构型，以船式或椅式存在。上述具有不同立体构型的化合物属于构象的差别，哈塞尔的研究对发展构象概念起了重要作用，因此，他和巴顿共同获 1969 年诺贝尔化学奖。这项成果早在 20 世纪 30 年代就已奠定基础，由于第二次世界大战的爆发，挪威沦陷，他也惨遭纳粹迫害。第二次世界大战结束后，他的研究成果才陆续被整理发表，这项重大成果 30 年后才获得世界的公正评价而获得诺贝尔奖。

案例四：

1. 案例主题：实验室安全无小事——苯的毒性。

2. 结合章节：第三章《环烃——苯的性质》。

3. 案例意义：实验室是我们探索求实的重要场所，我们在实验室里学习知识、提升实践能力，但同时也要时刻记牢实验安全知识，提高安全意识，预防事故的发生。

4. 案例描述：

(1) 教学方法。

视频播放。

(2) 教学内容。

苯的化学式为 C_6H_6，由 6 个碳原子和 6 个氢原子组成，是一种有机化合物。苯是无色或在室温下呈现浅黄色的液体。其气味略甜并且极易燃。它在很多行业都有一定用途，如生产塑料和树脂等。苯还用于生产尼龙和其他合成纤维，以及润滑剂、染料、橡胶制品、药品、农药和洗涤剂。苯在室内的浓度比室外高。它可能来自不同产品，包括胶水、油漆、蜡和清洁剂等。加油站的苯浓度也很高。

大量接触苯的人应该谨慎，因为苯危害人体的神经系统和造血系统。苯具有亲脂性，可以以蒸汽的形式经呼吸道进入人体，进入人体后会引起急性中毒。它可以覆盖在神经细胞的表面，抑制生物氧化，影响神经递质的传递，麻醉中枢神经系统。人被麻醉后会出现头晕、头痛、周身乏力、耳鸣、步态不稳、幻觉以及精神障碍。严重的会出现昏迷、肌肉痉挛、抽搐、血压下降、瞳孔散大、呼吸肌麻痹，慢性中毒则会造成多发性的神经炎、视神经炎、癫痫、神经病、脊髓炎等。苯中毒对造血系统的损害还会导致白细胞和血小板明显减少，严重的会出现再生障碍性贫血或白血病。

案例五：

1. 案例主题：重视心理健康、珍爱生命——复旦大学投毒案。

2. 结合章节：第十章《含氮化合物——亚硝胺》。

3. 案例意义：注重教育成才的同时，学生的心理健康也不容忽视。引导学生积极进行自我教育、自我指导，主动正视现实、正确认识自我，进行积极有效的自我控制。生命是宝贵的，要珍爱生命。

4. 案例描述：

（1）教学方法。

视频播放。

（2）教学内容。

2013 年 4 月，上海复旦大学上海医学院研究生黄洋遭他人投毒后死亡。犯罪嫌疑人林森浩是被害人黄洋的室友，投毒药品为剧毒化学品 N-二甲基亚硝胺。林森浩与黄洋分别为复旦大学上海医学院 2010 级硕士研究生，同住一间宿舍。林森浩因日常琐事对被害人黄洋不满，决意采用投放毒物的方式加害黄洋。2013 年 4 月 1 日，林森浩以取物为借口，从他人处借得钥匙后，进入复旦大学附属中山医院 11 号楼 204 影像医学实验室，取出其于 2011 年参与医学动物实验后存放于此处的、内装有剩余剧毒化学品 N-二甲基亚硝胺原液的试剂瓶和注射器，并装入一个黄色医疗废弃物袋中带离实验室。林森浩携带上述物品回到宿舍，趁无人之机，将试剂瓶和注射器内的 N-二甲基亚硝胺原液投入宿舍饮水机内，黄洋在宿舍从该饮水机接水饮用后，出现呕吐等症状，即于当日中午到复旦大学附属中山医院就诊。4 月 2 日下午，黄洋再次到复旦大学附属中山医院就诊，经检验发现肝功能受损，遂留院观察。4 月 3 日下午，黄洋病情加重，转至该院重症监护室救治。4 月 16 日，黄洋经抢救无效，于当天下午 3 时 23 分在复旦大学附属中山医院去世。经法医鉴定，黄洋是因N-二甲基亚硝胺中毒致急性重型肝炎引起急性肝功能衰竭，继发多器官功能衰竭死亡的。2014 年 2 月 18 日上午，上海市第二中级人民法院一审宣判，林森浩犯故意杀人罪被判处死刑，剥夺政治权利终身。

《物理化学Ⅰ》“课程思政”教学案例

课程编号：40131006　　　　课程类别：专业必修课

适用专业：应用化学，生物工程

执 笔 人：于宝义　　　　　参加人员：赵汗青、赵文婷、贾临芳

1. 案例主题：热力学第二定律的启发案例。

2. 结合章节：第三章《热力学第二定律》。

3. 案例意义：以案例启发的方式开启《热力学第二定律》的问题引入，如为什么建设三峡大坝？为什么建设大批量的风力发电站？为什么建设太阳能电站和生物质发电站？

思政映射点：第一，强化国家大工程形象，增强民族自豪感。第二，强调除了大工程本身的形象外，了解大工程的效用。第三，将一些看似不相关的大工程联系到一起。第四，透过现象看本质，通过了解这些大工程，深入理解国家实现和发展它们的用意。切实理解节能减排和可循环能源的用意。

4. 案例描述：

此类研究始于西方 19 世纪 50 年代第一次工业革命阶段。用堆积系列案例进行案例启发式教学。从热传导、大气高低压传导到墨水扩散实验等，逐步引申到自发过程中去，最后总结出自发过程是有方向和限度的，并且自发过程可以用来做功。这样可以使学生定性地理解热力学第二定律的作用，即可以通过一些大工程来实现功的获得。联想到国家目前实施的一些大工程，如三峡工程、风力电站、太阳能电站以及碳循环、生物质能源发电等。

给学生播放一个小短片，介绍国家建设了三峡大坝等大型水利工程，诸多的风力发电站、太阳能电站，以及进行生物质能源发电等。首先提出问题，大家从这些大工程中能找到哪些共同特点（共同点为能够对外做功）。阐述这些国家的大战略、大目标、大方向，和目前倡导的节能减排、碳循环密切相关，逐步引导学生思考，哪些物理化学原理被应用在国家大工程案例中。然后，分析各个大工程具体的发电原理，如三峡水电站，原理是水的势能转化为动能，终点是没有落差；风能的原理是气压差，方向是高压到低压，终点是气压平衡；太阳能的原理是光转化成电子，形成电位差；生物能的发电原理是燃烧，动力源是温度差，终点是温度平衡。进而总结出，这些可以发电做功的过程都是自发过程，人们利用了自发过程的特点，即不需要外力就可以实现，并且有方向、有终点。由此提出另外一个问题，其他可以利用温差的技术，比如煤的燃烧、核能的释放、氢燃料的燃烧，所使用的动力源是什么，终点是什么。

最后，给学生布置作业，使用不同的方法，计算发电效率是多少？将本班级的同学分成若干小组。

小组1：利用水电，发1度电的效率是多少？实现汽车行驶1千米，能量效率是多少？

小组2：利用煤电，发1度电的效率是多少？实现汽车行驶1千米，能量效率是多少？

小组3：利用太阳能，发1度电的效率是多少？实现汽车行驶1千米，能量效率是多少？

小组4：利用风能，发1度电的效率是多少？实现汽车行驶1千米，能量效率是多少？

小组5：利用氢能，发1度电的效率是多少？实现汽车行驶1千米，能量效率是多少？

小组6：利用汽油，发1度电的效率是多少？实现汽车行驶1千米，能量效率是多少？

通过完成作业，让学生认真巩固本章内容，并且用后期的计算为前期所有的案例作解释分析。从而以自己的计算结果为支撑，理解国家战略方向定位，进而更好地理解时事政策。

《分析化学》“课程思政”教学案例

课程编号：301424 **课程类别：公共基础课**

适用专业：食品科学、生物科学、资源与环境科学、农学等

执 笔 人：朱洪

参加人员：赵文婷、郑燕英、苑嗣纯

1. 案例主题：误差与检测数据的理性分析。

2. 结合章节：第二章《误差与分析数据的统计处理》。

3. 案例意义：初学数据误差概念的学生对有效数字、数据统计的意义理解不透，从误差的理论学习到对影响我们生活的医学数据、统计数据进行分析，让学生切实感受到数据精准的重要性。本节课引入血常规检测数据的实例分析、胎儿排畸筛查的基因极限值分析及新冠检测阳性界定的CT值的争议实质，让学生切身感受数据精准的重要性，从而激发学生对数据处理的学习兴趣，使数据处理与误差控制从严苛的概念转化为温暖且有实际体会的概念，提升学生学习的积极性和主动性，培养职业素质的责任担当。

4. 案例描述：

(1) 学情分析。

本章处于《分析化学》开篇，一年级学生在上学期学习积累了《普通化学》，对化学数据记录与数据处理有初步概念及初步实验数据记录学习基础。同时，基于薄弱的数据记录与处理基础，学生对数据误差控制与精准的概念不清晰，容易形成惯性的粗糙处理行为。本科一年级学生同时还处于青春叛逆期，个人意识比较强，规则意识弱，对较为严苛的科学知识概念不能认真接受。为了纠正学生对数据误差概念的一些错误认识，从切身感受到的数据出发，通过教师的讲解，使学生与教师产生共鸣，从而产生责任担当感，培养职业素养。

(2) 教学内容。

教学目标：

知识目标：①学生要通过学习误差存在的客观性，了解误差学习的必要性，理解各类误差的特征、来源，能够判断所属分类，并采用合适的方法克服；②学生要理解精密度与准确度的关系；③学生要明确有效数字的意义并能够正确给出有效数字位数。

能力目标：掌握错误数据的判断方法，熟练进行统计学处理，并掌握差异性判断方法；理解从克服系统误差、偶然误差以及读数误差等方面，提升分析结果准确度的方法；掌握有效数字的位数确定规则、修改规则和计算规则，并在实际中根据实际情况进行保留。

价值目标：在教学主题中倾向性贯彻思政教育，通过对血常规检测数据的实例分析、胎儿排畸筛查的基因极限值分析及新冠检测阳性界定的CT值的争议实质，教师向学生讲授数据与理法的关系，使学生切实认识到数据处理差之毫厘失之千里，激发学生的责任感，启迪叛逆期学生的纪律性培养及正确的学习观培养。

教学重点难点：

教学重点：误差的分类及表征表示；测定结果的统计学处理以及可疑值的取舍检验；实验方法的显著性检验；提升测定结果准确度的方法；有效数字的位数确定规则、修约规则和计算规则。

教学难点：系统误差和偶然误差的特征与联系，表征与表示；可疑值的取舍检验（4d法，Q检验法，Grubbs检验法）；偶然误差的正态分布及置信区间求算；单组数据以及两组数据的显著性检验；提升分析结果准确度的方法——克服偶然误差、克服系统误差、减小读数误差；掌握特殊数据的有效数字位数确定方法，正确修约并在加减法和乘除法运算中根据基本原则进行修约和保留。

思政资源：

①思想政治教育素材。

以我们切身感受到的医院血常规检测报告为例，认识其中不同位数的数值与检测项目的关系及标准值的界定范围。这种学习方法对于初学者的冲击力可能会比较大，因为经常被告知数值，但还是第一次能够从专业角度出发，自己学着去理解，所以学生的热情度比较高。

利用胎儿排畸的基因检测分析数据，分析其中统计学数据的意义。数据具有严肃的生命意义，对学生的冲击比较大，极大地刺激了学生对职业素养的高度要求和对科学数据的严谨态度。

从中美界定新冠阳性的不同CT值出发，解释从美国出发时新冠阴性而飞机落地到中国新冠成阳性的根本原因，激发学生对数据处理的热情和兴趣，改变对严谨的误差与数据概念的冷漠态度，发现严谨科学的趣味性，培养对专业的热情及信心。

②教学方法。

讲解法：基础的有效数字位数、误差、偏差的概念，对新概念采用生动、细剥的方法解释，将学生带入特定的情境中。

点拨法：讲解到难点时，启发学生思考精密度和准确度的关系；采用实例讨论的方法，从同学有对有错的答案中辩证学习知识点，学生通过点拨，热情与参与度飙升。

讨论法：了解和学习完基础知识点，小组讨论生活中的数据与我们个体的关系，在讨论中开拓境界、激发学习热情。

教学手段：多媒体、图片、视频、线上授课。

③教学过程设计如表1所示。

表1　教学过程设计

教学内容和教学过程	专业知识与思政的融合
回忆之前在《普通化学》硫酸铜提纯里涉及的数据记录与处理，感受数据，导入课堂学习	激发学生兴趣，调动学生思考
讲解普通化学实验里数据的记录与处理：36%的有效数值，5克与5.0克的差异，回收率范围为30%～70%	从普通化学数据记录中感受数据粗略处理所包含的较大误差
讲解误差及误差的分类	融入血常规检测单的学习，抓取检查单里的误差信息，将专业知识与生活结合
讲解随机误差的分布，讨论随机误差的成因，教师总结和引导普通化学与分析化学的数据要求差异	融入对胎儿基因排畸的界定值的讨论，引申数据与生命的严肃关系，培养严谨有责任的职业素养
分析数据的统计处理	融入新冠检测阳性界定CT值的差异，启发对偶然误差与系统误差的认识，引发学生利用专业知识解决难题的意向和决心

（续）

教学内容和教学过程	专业知识与思政的融合
课后作业	个性化的误差学习思维导图
教学反思	①利用学生熟悉的素材、事件及关注的事物开展思政课程，能起到很好的作用 ②利用生动的数据开展思政课程，切忌干巴巴的说教。要采用恰当的讲授方式，让学生自然得出结论，水到渠成受到教育 ③深挖思政素材和资源，避免简单堆砌 ④思政因素融入课堂讲解内容，应不露痕迹，学生潜移默化地被影响，润物无声地完成思想改观
教学方法	情景教学法、案例教学法、合作探究法、项目学习法

《普通植物病理学》“课程思政”教学案例

课程编号：40141006 **课程类别：专业核心课**

适用专业：植物保护

执 笔 人：赵晓燕 **参加人员：任争光、李永强**

1. 案例主题：一颗土豆引起的社会变革——从爱尔兰饥馑看植物病害对社会稳定的影响。

2. 结合章节：第一章《绪论》第一节《植物病害》。

3. 案例意义：本节的主要内容为植物病害带来的危害与影响。引用的“爱尔兰饥馑”历史事件是指19世纪中叶，欧洲爱尔兰地区马铃薯晚疫病导致大面积饥荒，从而影响社会稳定。通过该案例，帮助学生了解植物病害流行对农作物产量及农作物生产的影响，以及对国民经济和社会稳定的影响。让学生了解，植物保护从微观上看是保护了一部分植物，减少了植物的发病率；从宏观上看对保护粮食安全、生态安全都具有积极的作用，从而对国家安全和社会稳定具有重要意义。通过学习本案例，一方面从知识掌握角度帮助学生掌握植物病害带来的危害与影响，另一方面从素质培养角度让学生理解农民的不易，学会关爱农民，激发知农、爱农情怀，增强对专业的认同感和使命感。

4. 案例描述：

（1）教学具体内容。

马铃薯晚疫病是一种菌物病害，不仅侵染马铃薯的叶片，导致叶片腐烂枯死，也会侵染马铃薯的薯块，从而影响马铃薯种薯的生产和来年的种植。19世纪上半叶至中叶，马铃薯是爱尔兰地区的支柱产业，也是爱尔兰农民的主要粮食来源。1845—1850年马铃薯晚疫病在爱尔兰流行和为害，导致马铃薯大量减产，大量爱尔兰农民因此而缺少粮食，造成了大面积的饥荒。当时人口仅800万人的爱尔兰就有约100万人因饥饿和瘟疫而死亡，还有100多万人逃荒海外，给爱尔兰地区的生产和社会带来极大影响，爱尔兰至今也没有恢复到当时的人口规模，而在海外的爱尔兰裔已远超本地爱尔兰人。

爱尔兰饥馑是植物病害流行影响作物产量和粮食安全，从而造成社会大饥荒的典型案例，也是帮助学生理解植物病害的典型案例。

（2）教学设计思路如图 1 所示。

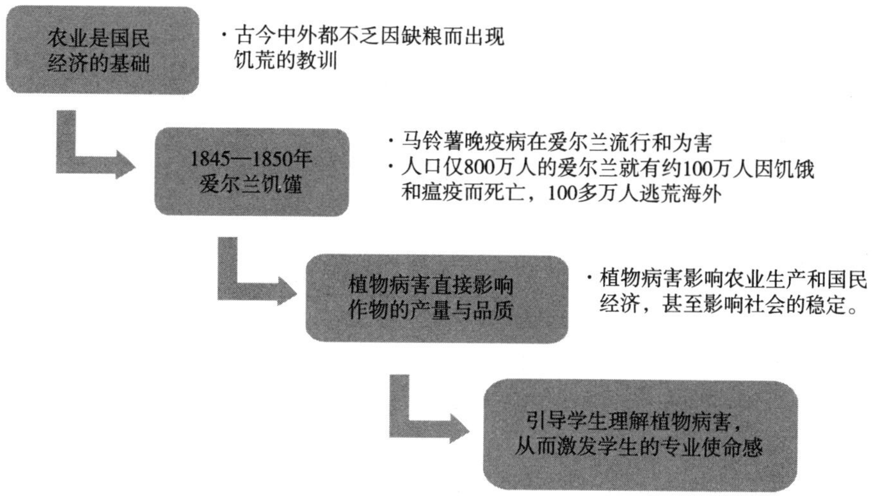

图 1　教学设计思路

（3）教学设计方案。

首先，交代背景：农业是国民经济的基础，古今中外都不乏因缺粮而出现饥荒的教训。过去的粮食生产对自然条件的依赖很严重，多种自然原因如干旱、水灾等都会导致粮食缺乏，病虫害的大流行也是导致粮食大量减产的主要原因之一。

其次，介绍本案例事件，包括事件发生的时间、地点、原因、结果。特别分析在当时的情况下，马铃薯晚疫病为什么会导致如此大面积的减产和大面积的饥荒。

再次，以一些文献资料和现存的街头雕塑为基础，阐述当时的大饥荒带来的社会影响，包括穷苦百姓的生活图片、灾民逃难雕塑、"饥荒孤女"大移民的历史资料等。以文字和图片的冲击带来心理的触动，深刻理解植物病害对人类农业生产和国民经济的影响。

最后，提出植物病虫害防控、植物保护在保护粮食安全、生态安全方面的积极作用，从而阐述植物保护对国家安全和社会稳定的重要意义。

《普通昆虫学》“课程思政”教学案例

课程编号：40142005　　　　课程类别：专业必修课
适用专业：植物保护
执 笔 人：张爱环　　　　参加人员：杜艳丽、覃晓春、王进忠

1. 案例主题：将科学追求融入国家事业——小家蚕，大事业。

2. 结合章节：绪论——昆虫与人类的关系。

3. 案例意义：中国是世界上最早养蚕、织丝的国家。广大劳动人民发明并大规模生产丝绸制品，开启了世界历史上第一次东西方大规模的商贸交流，史称“丝绸之路”，推动了人类文明进程。

通过介绍蚕桑学泰斗——向仲怀院士的事迹，让学生了解小小的家蚕能够造福人类，推进世界文明进程，增强文化自信，同时学习老一辈科学家时刻不忘振兴祖国蚕丝业的初心，牢记为蚕农增收的使命。植物保护科技工作者是植物健康的守护神，在维护粮食安全、生态安全中具有举足轻重的地位。青年学生应守初心、担使命，做知农、爱农的时代新人，为乡村振兴和生态文明建设做出自己应有的贡献。

4. 案例描述：

（1）课程教学目标。

介绍解昆虫对人类社会的生存和发展的重大影响。人类的生产活动，特别是种植业和养殖业，与昆虫形成了非常复杂又极其密切的联系。

（2）思政育人目标。

通过介绍向仲怀院士的事迹，引导学生增强文化自信，学习老一辈科学家将个人科学追求融入国家事业，不断创新，推动中国蚕业科学研究步入世界领先水平。引导学生践行社会主义核心价值观，具有深厚的爱国情感、民族自豪感、社会责任感和“三农”情怀，立志服务于乡村振兴和生态文明建设。

（3）课程思政设计与实施。

在讲授昆虫对人类有益的方面之前，向学生提问“大家知道哪些昆虫可以为人类提供工业原料吗?”从而引出中国是蚕丝业的发祥地。家蚕可以产丝，用作纺织工业原料，让大家了解到中国的真丝年产量占世界总产量的比例超70%，位居世界首位。

随后，重点介绍向仲怀院士为振兴中国蚕丝业所做的贡献。

世界蚕业现代主要技术体系由日本在20世纪初创建。改革开放前，我国与日本等国的蚕业科技水平仍有差距。1982年，向仲怀被派去日本留学。日本之行让他坚定“振兴蚕丝业，要从科技上找突破”的信念。1995年，向仲怀提出“中国家蚕基因组计划”的设想，但当时条件尚不成熟。

与此同时，曾一直处在蚕学研究前沿的日本更想完成这项计划，夺得家蚕基因研究方面的话语权。2002年，日本确立以破解家蚕基因组来“开拓21世纪日本丝绸之路”，并将2003年定为“日本21世纪丝绸之路元年”，否定了此前约定的中日合作协定，于2003年3月单方面启动了家蚕基因组测序。

向仲怀感到前所未有的压力，他深知：“丝绸之路是中国的名片，如果由日本率先取得研究成果，以后所有与之相关的资料都要向日本申请，这对国家和民族来说，都是不能容忍的。”

当时正值“非典”时期，投资巨大的基因组测序计划，根本来不及按往常的程序申报。最终，向仲怀团队决定与北京华大基因所合作，决定以破釜沉舟的气魄与日本拼一场！于是，中国家蚕基因组计划于2003年6月8日启动。2003年11月15日，重庆市政府对外宣布，中国率先完成世界第一张家蚕基因组框架图。这项研究成果被业界称为21世纪“新丝绸之路”的里程碑。2004年，项目组在国际权威学术期刊*Science*上发表此项成果的有关论文。不久，日本相关方面主动前来寻求合作，向仲怀表现出了中国科学家的胸襟，同意中日合作完成“家蚕基因组精细图”。

此后的近十年里，向仲怀团队陆续完成家蚕基因组精细图、遗传变异图、桑树基因组、家蚕微孢子虫基因组等一系列领先成果。至此，中日之间关于蚕桑生物科技的博弈，以中国科学家的完胜落幕，标志着中国蚕业科学研究步入世界领先水平，也确立了21世纪“新丝绸之路”的高地在中国。

向仲怀站在蚕业科学的巅峰，最牵挂的还是农民的钱袋子。为推进现代蚕桑业转型升级，主动适应国家发展战略和市场经济发展需求，向仲怀院士进一步提出了“生态型、多元化、高效益、可持续”的现代蚕桑产业目标。如今，以“立桑为业，多元发展”为要义的“向氏思路”，滋润着中国蚕桑的广袤土地，成为业界共识和统领。在此思路引领下形成的产业形态，更是在扶贫攻坚、乡村振兴、生态建设、民生发展等方面发挥着突出作用。

向仲怀院士被国内外公认为“现代丝绸之路的领航人”。农业部组织中国蚕桑代表团赴印度考察蚕业时，向仲怀为团长，当印方以最高礼节热情接待他，并称他为“现代丝绸之父”的时候，向院士谦逊地说：“我只是丝路驼队的一枚驼铃。”

通过介绍向仲怀院士的事迹，让学生了解小小的家蚕能够推进世界文明进程，增强文化自信。学习老一辈科学家时刻将个人科学追求融入国家发展事业，不断创新，推动中国蚕业科学研究步入世界领先水平。引导青年学生守初心、担使命，做知农、爱农的时代新人，为乡村振兴和生态文明建设贡献自己的智慧和力量。

《农药及其应用》“课程思政”教学案例

课程编号：40141007 **课程类别：核心课程**

适用专业：植物生产类

执 笔 人：毕扬 **参加人员：杨宝东**

1. 案例主题：科学技术是第一生产力——农药剂型及使用技术。

2. 结合章节：第二章《农药剂型及使用方法》。

3. 案例意义：《农药及其应用》课程是植物保护专业的核心课程，是一门实践性强，与我们的生产实践和生活紧密相关的课程。在《农药剂型及使用方法》的教学过程中引入思政元素，如以农药新的剂型（对环境友好的微囊悬浮剂等）和新的使用方法（植保无人机施药等）进行病虫害用药等高科技手段与农药应用技术相结合为例，引导学生深刻感悟科学技术是第一生产力的内涵，激发学生学习基础知识和最新科学技术的兴趣，培养利用现代信息技术服务和发展现代农业的思维。在教学过程中引入“思政”元素，寓德育于课程之中，可实现显性教育与隐性教育的有机结合。

4. 案例描述：

在《农药剂型和使用方法》章节的教学过程中，从“什么是原药”以及“进行原药加工的意义”引出农药剂型的概念。由于农药的原药不同于水，无法直接使用，加之原药分散、分布不均匀，毒性高、安全性差，需要在原药中加入一定量的辅助剂，制成便于使用的形态，这些不同的形态就是剂型。目前农药仍在使用的大吨位传统剂型为乳油，主要由原药、溶剂和乳化剂组成。由于乳油中需要使用大量的有机溶剂作为助剂，因此，更加环保的、对环境友好的新剂型越来越为市场所需求。

农产品农药残留问题和环境保护问题近年来成为民众聚焦的热点，国家相关部门也先后出台农药减量政策和高毒农药禁限用政策，高效、低毒、环保的剂型产品正在成为农资行业市场竞争新的突破口。微囊悬浮剂（图 1）作为一种理想剂型，受到越来越多企业的关注。微囊悬浮剂是一类先进、环保、技术含量高的农药剂型。该剂型持效期长，可大大降低接触毒性和异味，减少有机溶剂使用量，对人、对环境更友好。

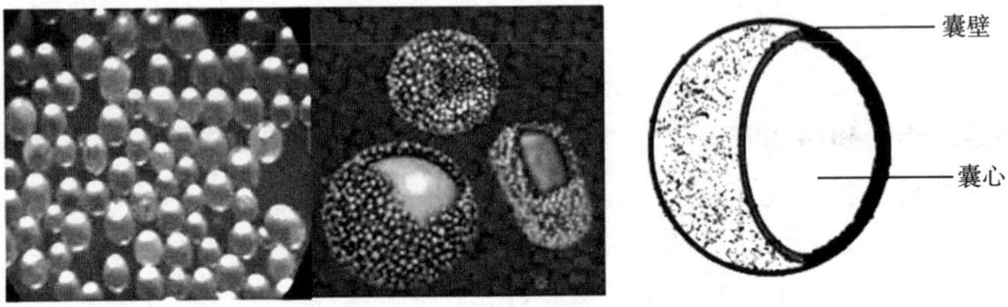

图 1　种子处理微囊悬浮剂

通过对农药剂型发展的介绍，让学生了解为满足环境保护和安全性的需求，剂型加工被不断地优化、改进和升级，融入不仅要金山银山，更要绿水青山的生态和谐发展观，从而培养学生环境保护与可持续发展的理念。

在我国，农药在田间实际应用的过程中，由于各种原因特别是植保机械的落后，使得农药的实际利用率为 40%左右，没有被充分利用的农药无形中增加了在环境中的排放量。应用农药施用新技术，不但能节省农药用量的 50%～95%，还可大幅度减少或基本消除农药喷到周围植物上的可能性，具有降低成本、提高药效的作用。例如静电喷雾，利用高压静电发生装置使药液雾滴带电喷施的方法，使药液雾滴在叶片表面的沉积量显著增加，可将农药有效利用率提高到 90%。利用植保无人机进行田间施药也可提高农药有效利用率（图 2）。

图 2　植保无人机田间施药

通过介绍高科技手段与农药应用技术相结合的事例，引导学生深刻感悟科学技术是第一生产力的内涵，激发学生学习基础知识和最新科学技术的兴趣，培养利用现代信息技术服务和发展现代农业的思维。

《农业昆虫学》“课程思政”教学案例

课程编号：40143004　　**课程类别：专业必修课**

适用专业：植物保护专业

执　笔　人：郭洪刚　　**参加人员：张民照、覃晓春、郭洪刚**

案例一：

1. 案例主题：拜耳献策，保粮食安全——绿色植保实例。

2. 结合章节：第一章《绪论》。

3. 案例意义：

（1）思政映射。

拜耳作为一家外资企业，植根中国，积极响应国家需求，驰援草地贪夜蛾防治，与多家植保科研院所和高校合作研发新型专利药剂国腾，以“四个精准”的防治模式，助力草地贪夜蛾防治。这既体现了拜耳公司以“绿色植保”支撑我国农业高质量发展、保障我国粮食安全，时刻为我国农业应对未来挑战持续贡献拜耳力量，也鼓励学生作为未来的希望，要能够扎根祖国需求，做到产、学、研、用一体化，走出中国智造之路。

（2）融入点。

植保政策与方针是绪论部分的重点内容，拜耳公司植根中国，针对草地贪夜蛾的“精准灭蛾”解决方案既符合时政要素又体现了“绿色植保”的植保方针，可以帮助学生理解我国现有植保政策与方针。

4. 案例描述：

（1）案例陈述。

深耕中国农业市场的拜耳作物科学，积极引入来自全球的创新技术和经验，全力支援国内农户应对草地贪夜蛾这一全球性虫害。拜耳第一时间对此投入了高度关注，与多家科研院所、高校科研人员（如安徽省农科院研究员胡飞）展开联合攻关，引入防治草地贪夜蛾的新型专利药剂——国腾，做到“四个精准”，即精准识别草地贪夜蛾、精准选择药剂、精准把握施药窗口以及用科学的方法精准施药的草地贪夜蛾防治策略，打赢防虫夺丰收、保障粮食安全的关键战役。

（2）案例引入。

采用事件导入与案例分享法开展课程思政，具体如下：结合教学内容“我国植保方针的沿革”，学生分享“反映不同时期我国植保方针”的防控实例，教师点评学生案例。结合2019年草地贪夜蛾入侵事件（观看相关视频、图片），引入思政案例“拜耳献策，保粮食安全——绿色植保实例”，完成教学。

（3）教学具体内容。

围绕我国植保方针的沿革，重点介绍“预防为主、综合防治”的绿色植保方针。

（4）案例反思与育人效果。

一方面反思学生案例分享的准确性与政治性，判断分享案例与教学内容的匹配度，把控学生的政治觉悟与思想深度；另一方面反思案例分享模式在课程思政教学中的可行性，推动思政教学方法的更新。

案例二：

1. 案例主题：“虫口夺粮”，保障粮食安全——害虫预测预报。

2. 结合章节：第三章《害虫调查与预测预报》。

3. 案例意义：

（1）思政映射。

中国工程院院士吴孔明团队基于草地贪夜蛾的监测预警，建立区域联防联治网络体系，有效控制草地贪夜蛾，不仅体现出植保人在国家重大粮食安全事件中的重要性，帮助学生建立专业自信心，而且鼓励学生打好基础，时刻准备为我国农业应对未来挑战做好准备，帮助学生树立家国使命感。

（2）融入点。

害虫预测预报技术与方法是控制农业害虫的关键环节之一，中国工程院院士吴孔明团队在迁飞性害虫的预测预报方面的新技术与新方法与该部分内容相匹配，有助于学生掌握最新的技术方法。

4. 案例描述：

（1）案例陈述。

2019年1月，草地贪夜蛾首次入侵我国，其具有寄主广泛性、生态多型性、适生广泛性、迁飞扩散性和繁殖强大性等特点，给我国粮食生产安全带来巨大威胁。因此，持续推进草地贪夜蛾防治，有效遏制大面积暴发成灾，成为国内农业新的防控重点。中国工程院院士吴孔明团队迅速做出响应，组织科研团队，针对草地贪夜蛾的监测预警展开技术攻关，制定了基于虫情的调查，摸清了田间虫害发生动态，从减少虫源地迁飞数量入手，利用草地贪夜蛾对强光的趋避性，组建以大功率的高空探照灯为主的空中有效阻截，封锁重要迁飞过境通道；同时辅以有效的草地贪夜蛾绿色综合防控措施，做到早发现、早报告、早预警、早防控，打赢"虫口夺粮"攻坚战，为保障粮食安全做出植保贡献，将饭碗牢牢端在自己手里。

（2）案例引入。

采用事件导入与问题创设法导入课程思政，具体方法如下：教师围绕2019年草地贪夜蛾的时政信息（观看视频报道），引导学生点评"草地贪夜蛾的两三事"。围绕学生点评内容，教师提问"在这种重大害虫入侵过程中，植保人的作用与价值是什么"，创设问题情境，引入思政案例"虫口夺粮，保障粮食安全"，引导总结案例内容，进入课程内容——预测预报的技术与方法。

（3）教学具体内容。

该部分内容主要介绍害虫预测预报的方法，包括三方面内容：①发生期的预测方法；②发生量的预测；③分布范围的预测。

（4）案例反思与育人效果。

主要反思学生分享式教学方法在课程思政过程中的可行性与效果评价，结合整体评价，改善课程思政的方法，促进课程思政的有机融入。

案例三：

1. 案例主题：做中国自己的农药，助力脱贫攻坚——化学农药的技术革新。

2. 结合章节：第四章《农业害虫防治技术》。

3. 案例意义：

（1）思政映射。

中国工程院院士宋宝安团队致力于高效低风险小分子农药的研发与应用，

做中国自己的农药，打造绿色农药。既体现了植保学科发展的新需求——做更绿色高效、更环保、更安全的绿色农药，也体现了植保学科在保障农业产业持续健康发展上的巨大作用。帮助学生树立正确的专业价值观，鼓励学生投身于植保事业，有梦想才会实现超越。

（2）融入点。

使用化学农药是植物病虫害防治的关键技术，但化学农药的使用也存在巨大的生态安全隐患。宋宝安院士团队以研发创新更绿色高效、更环保、更安全的小分子农药来替代高毒农药，实现未来我国农药减量，同时提升我国绿色农药产业市场竞争力，与本小节化学农药的安全使用内容相契合，更代表了本学科领域的学术前沿。

4. 案例描述：

（1）案例陈述。

“做中国自己的农药，做将高毒农药低毒化的绿色农药。”这是宋宝安院士在硕士研究生毕业，参加工作一年后在第三届全国农药学术研讨会上的发言。年轻时的一句豪言壮语，成了宋宝安院士一生的目标。宋院士围绕绿色农药，自主研究开发出甲基立枯磷、恶霉灵、噻嗪酮等新工艺，广泛应用于工业生产中，为我国众多农药企业所采用，产生了显著的经济效益；创制出我国第一个自主知识产权高效抗植物病毒农药新品种毒氟磷，在国际上首次发现其激活植物免疫系统的作用机制，提出了针对植物抗病激活发现绿色抗病毒剂的新思路。建立了基于植物抗病激活发现抗植物病毒剂的筛选方法，成功创制了多个具有抗病免疫激活功能的新型抗病毒剂，为我国高效低毒农药替代和农药工业技术进步做出了巨大的贡献。

（2）案例引入。

采用问题创设法和案例分享法展开课程思政，具体方法如下：教师在化学防治小节，围绕化学农药的安全使用，创设问题情境“化学农药有哪些隐患，又该如何安全使用”，请学生分享个人想法和具体案例，引入思政案例“做中国自己的农药，助力脱贫攻坚——化学农药的技术革新”，引导总结案例内容，进入课程内容——化学防治。

（3）教学具体内容。

该部分内容主要包括以下三个方面：①化学农药的隐患；②化学农药的安全使用策略；③化学农药在综合防治中的应用前景。

(4) 案例反思与育人效果。

主要反思学生的思政火花，一方面通过分享式教学，从学生分享案例中挖掘新的思政案例，补充课程案例，丰富课程思政案例库；另一方面从学生案例中寻找结合点，以学生为出发点，改善课程思政的方法，促进课程思政的有机融入。

案例四：

1. 案例主题：谈“韭”不色变，安全放心菜——韭蛆的绿色防控。

2. 结合章节：《农业害虫——地下害虫》。

3. 案例意义：

(1) 思政映射。

韭蛆是韭菜的主要害虫，针对韭蛆，昆虫学家开发推广了韭蛆绿色防控技术“日晒覆膜高温法”，助力韭菜绿色生产。不仅体现了植保科学家立足生产实践，解决实际问题的科学能力；也体现了植保人通过创新技术措施，为保障食品安全做出的专业贡献，帮助建立学生专业自信，树立专业责任心。

(2) 融入点。

韭蛆是地下害虫的重要种类之一，其绿色防控策略是本小节的重点内容之一。“中国科学家支援非洲蝗灾”的思政内容与课程内容“韭蛆的绿色防控”相匹配，有助于学生快速理解和记忆知识点。

4. 案例描述：

(1) 案例陈述。

韭菜是很多人喜爱的食物，然而这舌尖上的美食，却出现了舌尖上的不安全问题——毒韭菜事件，致使部分消费者谈“韭”色变，甚至出现减少或杜绝食用韭菜的消费者。所谓“毒韭菜”是菜农在防治地下害虫——韭蛆时，不按安全剂量使用农药引起的。因此，如何采用绿色防控措施防控韭蛆的发生成为破解“毒韭菜”的关键。我国昆虫学家张友军研究员围绕这一难题展开技术攻关，发明了“日晒覆膜高温法”的韭蛆绿色防控技术，并在山东、河北、山西等 13 个省市韭菜主产区进行了推广应用（推广面积 1 100 万亩次，增加菜农收入 72.53 亿元），为韭菜安全生产提供技术保障，为保障食品安全做出植保贡献，让百姓吃上放心韭菜。

(2) 案例引入。

采用情境导入与问题创设法开展课程思政，具体方法如下：教师创设超市购买韭菜情境，引导学生讨论与分享；引入食品安全——毒韭菜问题，结合观看“毒韭菜”的新闻视频，引导学生思考判断；教师提问“化学农药的使用会造成‘毒韭菜’问题，作为植保人应该如何做”，创设问题情境；引入思政案例“谈‘韭’不色变，安全放心菜”，进入课程内容——韭蛆的绿色防控。

（3）教学具体内容。

围绕韭蛆的绿色防治办法介绍三方面内容：①日晒覆膜高温法防治；②诱杀防治；③化学防治方法。

（4）案例反思与育人效果。

通过课堂效果、教师反思、与学生的沟通交流以及课后评价，重点掌握本案例与课程内容的紧密性，评价本案例在教学过程中的准确性、时效性和思政功能的发挥情况。结合整体评价，改善并提升案例与课程结合度和育人效果。

案例五：

1. 案例主题：支援非洲蝗灾，向世界贡献中国智慧——蝗虫综合防治。

2. 结合章节：第六章《食叶类害虫》。

3. 案例意义：

（1）思政映射。

2020年全球多地遭遇蝗灾，再次敲响人类警钟。中国积极响应联合国呼吁，支援非洲抗击蝗灾，不仅反映了我国蝗灾防治工作在几代科学家的努力下获得了成功，可以帮助学生增强专业自信心；另一方面也反映了我国科学家在人类蝗灾防治史上贡献中国智慧的足迹，更体现了中国作为世界大国，一方有难八方支援的外交初心，尽显大国风范，可以帮助学生增强民族自信心。

（2）融入点。

蝗虫的综合治理是本小节内容的重点与难点，“中国科学家支援非洲蝗灾”的时政与课程内容“蝗虫的综合治理”相匹配，能够帮助学生理解和记忆该部分重点、难点内容。

4. 案例描述：

（1）案例陈述。

由蝗虫引起的蝗灾是世界性的灾变，2020年非洲蝗灾爆发，并逐渐向周围的国家和地区蔓延，甚至到达与我国接壤的印度、巴基斯坦等国家，是世界蝗灾史上的一次重要事件。面对突如其来的世界性蝗灾事件，我国作为在蝗灾防治方面拥有丰富经验的世界大国，立刻做出支援行动，以农业农村部配合外交部、国家国际发展合作署制定援助埃塞俄比亚、肯尼亚和乌干达三国蝗灾防控技术方案，并协调国内有关企业积极生产灭蝗药剂、药械和相关物资，为援助东非部分国家开展蝗灾防治贡献中国智慧，为世界蝗灾防治贡献中国力量，尽显大国风范。

（2）案例引入。

采用事件导入与问题创设法开展课程思政，具体如下：把课程“世界性农业灾害——蝗灾以及蝗灾的危害性”与2020年非洲蝗灾结合起来（观看CCTV13新闻视频、图片），引入思政案例“支援非洲蝗灾，向世界贡献中国智慧”，引导学生点评案例。围绕学生点评内容，教师挖掘问题，创设问题情境，引出课程内容——农业害虫蝗虫的综合治理方法。

（3）教学具体内容。

围绕我国蝗虫治理方针——改治并举，根除蝗患介绍两方面内容：①我国各类蝗区的生态控制措施；②应急化学防治技术。

（4）案例反思与育人效果。

一方面反思学生点评案例的准确性与政治性，掌握学生的政治觉悟与想法；同时通过学生点评内容，反思案例与教学内容的匹配性。另一方面反思学生点评案例模式在课程思政教学中的可行性，推动思政教学方法的更新。

案例六：

1. 案例主题：花草组合、绿色生态——天敌控害。

2. 结合章节：第七章《刺吸类害虫》。

3. 案例意义：

（1）思政映射。

先介绍一种涵养益虫防控蔬菜刺吸式害虫的花草组合及应用的制作方法的专利技术，该花草组合技术涵盖9个科的草本，通过构建人工植物缓冲带，引诱、保育和涵养天敌，实现刺吸式害虫控害、降低杀虫剂使用的目的，同时支撑蔬菜种植业绿色发展，美化乡村或农场菜地的景观。既体现了“绿色植保、生态农业”的害虫防治理念，也提醒学生要重视知识产权保护，形成尊重知识、崇尚创新、诚信守法、公平竞争的良好氛围。

（2）融入点。

天敌控害是刺吸式害虫防治策略的重要手段之一，该专利技术是以涵养天敌为核心的防治技术体系，与课程内容“刺吸式害虫的综合治理——生物防治”相匹配，可以帮助学生更具体、更直接地理解课程内容。

4. 案例描述：

（1）案例陈述。

张艳军等几位研究人员开发和设计了一种涵养益虫防控蔬菜刺吸式害虫的花草组合及应用方法，并申请获批发明专利一项。该花草组合涵盖 9 个科的草本，且生长茂密，花期交错，管护简单，用于集约化菜地构建人工植物缓冲带，重构菜地微小型动物栖息繁衍地。一方面引诱、保育和涵养天敌；另一方面利用特殊气味的植物吸引刺吸式害虫到人工植物缓冲带而远离菜地，以减少使用化学杀虫剂。支撑蔬菜种植业绿色高效可持续发展，可以保障蔬菜及加工品的品质，同时美化乡村或农场菜地的景观，充分体现“绿色植保、生态农业”的植保观。

（2）案例引入。

采用情境导入与问题创设法开展课程思政，具体如下：创设情境——“某农场以种植番茄、辣椒等蔬菜为主，近期该农场蔬菜叶片出现细小的褪绿斑点，部分植株出现枝叶卷曲，并伴有灰黑色霉层的现象”，提出课程问题“请同学们帮助农场主诊断出现此现象的原因，并做出防治决策”（观看农场提供的蔬菜图片和视频），引导学生做出诊断，围绕学生分析内容，引入思政案例“花草组合、绿色生态——天敌控害”，引出课程内容——刺吸类害虫的生物防治。

（3）教学具体内容。

围绕刺吸类害虫的生物防治介绍三方面内容：①以虫治虫、②以菌治虫、③其他防治方法。

（4）案例反思与育人效果。

总结情境导入式课程思政方法的优缺点，分析学生在特定情境下的思政能力，反思情境导入式课程思政方法的可行性与效果，推动思政教学方法与模式的更新。

案例七：

1. 案例主题：透过现象看本质，解答问题助生产——钻蛀性害虫农业防治。

2. 结合章节：第八章《钻蛀类害虫》。

3. 案例意义：

（1）思政映射。

以课程教师个人经历为依托，介绍个人研究方向来源于一位研究生在实验饲养桃蛀螟过程中的发现：该虫喜欢在长满青霉菌的人工饲料上取食，并围绕这一发现挖掘其中的科研课题，展开科学研究，研发的植物源诱剂用于桃蛀螟的田间防治。鼓励学生要善于观察与思考，能够透过现象挖掘本质问题，最后将客观的科学问题落实于实际生产，指导实践。

（2）融入点。

钻蛀性害虫的综合防控是本小节的重点内容，其中，利用植物源诱剂干扰害虫嗅觉识别，实现钻蛀性害虫防控是目前钻蛀性害虫综合防控的重要策略。主讲教师的个人科研实例与此部分内容相匹配，通过讲述和分析个人事例，不仅有助于学生理解和记忆该部分内容，也能实现课程思政育人的目的。

4. 案例描述：

（1）案例陈述。

主讲教师以钻蛀性害虫——桃蛀螟为研究对象，重点开展“青霉菌—寄主植物—桃蛀螟三者互作机制与应用技术研究”。该科研方向的灵感来源于一位研究生在饲养桃蛀螟过程中的一个偶然发现：桃蛀螟喜欢在长满青霉菌的人工饲料上取食，进而围绕该现象总结出科学问题——寄主植物挥发物介导的昆虫产卵选择的化学生态学机制，并展开科学研究，围绕已有研究结果开发以植物源诱剂为核心的钻蛀性害虫的防治策略，推广和应用于田间防治。引导学生意识到细致观察、挖掘思考是科学研究的基础，要能够透过现象看本质，并且能够通过解答这些关键问题，实现生产实践，指导产业创新。

（2）案例引入。

采用问题创设法开展课程思政，具体如下：以教师提问“桃蛀螟钻蛀隐蔽危害，表面喷药很难控制，应该如何实现钻蛀性害虫的有效防控呢?”学生讨论与分享，引入思政案例“透过现象看本质，解答问题助生产”，并以思政案例为切入点，引出课程内容——钻蛀性害虫的综合治理。

（3）教学具体内容。

重点介绍以性诱剂或植物源诱剂为核心的钻蛀性害虫综合防治策略。

（4）案例反思与育人效果。

通过课堂讲授、教师反思、与学生的沟通交流以及课后评价，掌握本案例与课程内容，评价本案例在教学过程中的准确性、时效性和思政功能的发挥情况。

案例八：

1. 案例主题：低温储粮，领先世界——仓储害虫防治。

2. 结合章节：第九章《仓储类害虫》。

3. 案例意义：

（1）思政映射。

低温储藏是仓储害虫综合防治的重要措施。现阶段利用谷冷机对粮食进行低温储藏是一项全新技术。我国从最初的谷冷机进口，到后来实现谷冷机的自制，再到目前我国实现的各种低温储藏手段，引导学生要为几十年来我国仓储行业的快速发展而自豪，为我国世界领先的粮食仓储技术而骄傲，鼓励学生要认真学习专业知识，坚持创新和发展，根据我国的国情因地制宜地进行自主创新，解决粮食仓储中的应用问题，使人们吃到新鲜营养、可口无毒的放心粮。

（2）融入点。

在不使用化学药剂的前提下消灭储粮害虫的方法和措施是本小节内容的重点与难点。通过低温储粮，减少虫体新陈代谢，使害虫死亡，达到安全控虫的目的。将思政案例“低温储粮技术”与此内容有机互融，帮助学生理解该技术在仓储害虫防治中的应用。

4. 案例描述：

（1）案例陈述。

低温储粮技术被公认为是一种无污染、环保的绿色储粮技术。将粮堆温度维持在17℃以下甚至是15℃以下，不仅可以显著抑制害虫繁殖，降低仓储害虫的发生危害，而且可以保持储粮的新鲜品质。这些优势使得低温储粮技术有着巨大的市场应用前景。我国历来高度重视经济有效的自然低温储粮方式，自2001年中央储备粮承德直属库建设具有先进水平的利用自然低温储粮的低温粮库以来，全国各地的很多粮库都进行了各具风格的低温储粮探索试验，试验应用谷物冷却机储粮技术更是开辟了我国低温储粮的新时代，实现了我国粮食仓储的世界领跑地位。

(2) 案例引入。

采用情境导入与问题创设法开展课程思政，具体如下：创设情境“学生作为某粮食仓储企业的技术人员，现有一批待入库储藏的秋收粮食，请学生结合专业知识，展开害虫种类调查，并制定具体入库前后的害虫管理措施”。请学生分享自己提出的害虫管理措施，结合学生分享的内容，引入思政案例“低温储粮，领先世界”。围绕思政案例，引出课程内容——仓储害虫的物理防治方法。

(3) 教学具体内容。

围绕仓储类害虫的绿色防控，介绍三方面内容：①生物防治，②物理防治，③化学防治。

(4) 案例反思与育人效果。

结合课堂效果与课后评价，反思思政案例与教学内容的匹配性，推动思政案例的更新与选择。

《植物免疫学》“课程思政”教学案例

课程编号：40151E10 **课程类别：专业任选**
适用专业：植物保护
执 笔 人：任俊达 **参加人员：赵晓燕、任俊达**

1. 案例主题：比肩齐飞，共铸“中国芯”——植物抗病育种。

2. 结合章节：第八章《植物抗病育种》。

3. 案例意义：在讲述《植物抗病育种》内容时，可自然引入农学教授夫妻“麦爸”茹振钢和“菜妈”原连庄的浪漫爱情故事：谁培育出新品种，对方就要负责做家务。历经四十年艰苦卓绝的奋斗与鼓励陪伴，两人依旧“平分秋色”，在各自领域持续发光发热，为实现“中国人碗里装中国粮”提供有力保障。此案例既新颖，又贴切，而且就是身边的普通科研工作者。让学生深刻体会要将论文写在大地上，科研工作需要艰苦奋斗、持之以恒。另外，谈到爱情观时，要引导学生懂得陪伴、鼓励、拼搏在爱情和婚姻中的重要性，潜移默化之中教育和引导学生树立正确的人生观、价值观、爱情观，真正起到“润物细无声”的教育效果。

4. 案例描述：

（1）案例导入。

“为了不做家务，你都做过哪些挣扎?”在 2021 年中国农民丰收节晚会上有这样一对科学家夫妻，为了“逃离”家务后勤工作立下十年之约。

（2）案例讲述。

“麦爸”茹振钢为河南科技学院小麦抗病虫超高产育种专家。我国每 8 个馒头中就有 1 个来自茹振钢团队培育的“百农矮抗 58”。“百农矮抗 58”是茹振刚和他带领的团队历经 30 年呕心沥血培育成功的小麦优良品种，其选育及应用获得 2013 年国家科技进步一等奖。该品种实现了高产稳产、矮秆抗倒不早衰、抗逆抗病适应性广、优质中筋、稳定性好等品种优势，其总体技术达到了行业全国领先水平。该品种已经是黄淮小麦主产区的特大小麦品种，年种植面积在267亿平方米以上，被业界誉为“中国第一麦”。

“菜妈”原连庄来自河南新乡市农科院，是大白菜早熟优质育种专家，中原地区种植的大白菜有一半是原连庄团队培育的品种。她带领团队先后主持育成“新早89-8”（豫白菜五号）、“新乡小包23”“新乡903”“新乡中包75”“新早56”“新早48”等大白菜系列品种，其中两个通过省级审定，两个通过市级认定。“豫白菜五号”的培育成功，填补了河南省早熟品种的空白。该品种具有高产稳产、抗热抗病、品质优良等特点，在全国各地推广，1997年被国家科委列为“九五”重点推广项目。

茹振钢和原连庄夫妻俩是大学同学，一位研究吃饭，一位研究吃菜，包办了餐桌的主食和副食，老百姓亲切地叫他们“麦爸菜妈”。“小麦狂”遇到“白菜迷”，只想疯狂搞科研，不想做家务怎么办？为此茹振刚和原连庄立下十年之约——谁培育出好品种，谁就在家说了算，否则就去做家务。

十年期满时，他们打了个平手。于是开始第二个十年之约——谁的品种推广面积更大，给老百姓带来的收益更好，就算获胜。这次又打成了平手。一转眼，到了第三个十年之约。兑现的时候，“麦爸”培育的小麦推广面积更大，“菜妈”培育的白菜种类更多，依旧是平分秋色，他们也不再纠结于谁做家务。

“麦爸”说：“比拼了30多年，现在我们互为后勤。”科学家的浪漫为“用宏伟的人生目标追求她”。茹振钢出生在河南农村，小时候挨过饿，深知粮食的重要性。1981年从河南农业职业学院毕业后被小麦育种专家黄光正教授选中，开始了几十年如一日的小麦育种工作，这时的原连庄正在研究大白菜。“我想干一番大事情，你想不想干？我们可不可以同路？”“麦爸”用宏伟的人生目标向“菜妈”展开了追求。

1984年，二人已结婚很长一段时间，由于他们各自做科研聚少离多，为了加深感情，茹振刚给妻子原连庄写情诗《致吾妻》：“一双比翼分东西，时刻眷恋压心底。牛郎织女苦尝够，唯为事业献丹心。”从第一次约会至今，他们已互赠上百首诗文。婚后的近40年，茹振刚和团队培育出“百农64”“百农160”“百农矮抗58”“百农4199”等多个“百农”系列小麦品种。“百农矮抗58”问世以来，累计推广3亿多亩、增产150多亿千克，增产效益达300多亿元，荣获2013年度“国家科技进步奖”一等奖，被誉为“黄淮第一麦”。原连庄和团队培育了20多个大白菜新品种，累计推广面积600多万亩，“新乡小包

23”更是主导中原、辐射全国近20年。

结婚30多年，“麦爸菜妈”感情越来越深厚。去年七夕，“菜妈”亲自下厨，为“麦爸”做了手擀面和炒小白菜。“麦爸”则送上了一首浪漫小诗：“七彩蔬菜香味浓，一根细面连真情。遥望银河明月照，风风雨雨共征程。”

（3）教学方法。

采用多元化教学法并且充分利用现代信息技术，以老师课堂讲授为主，以2021年中国农民丰收节晚会视频片段为辅，让学生全方位、多角度了解本案例。另外，课后在课程中心及微信群发起讨论，让学生对此案例谈谈收获和体会，引发学生的情感共鸣。

《农药生物测定》“课程思政”教学案例

课程编号：302639 **课程类别：专业选修课**

适用专业：植物保护、应用化学专业

执 笔 人：陈艳 **参加人员：毕扬、杨宝东**

1. 案例主题：干一行、爱一行、钻一行的行业精神。

2. 结合章节：第九章《田间药效实验》。

3. 案例意义：在讲授“田间药效试验”的内容时，结合新疆生产建设兵团植保专家张世海潜心田间、筛选农药，提高兵团作物病虫害防治水平的事迹。

正是因为有一位像张世海一样的兵团人，不断践行“热爱祖国、无私奉献、艰苦创业、开拓进取”的兵团精神，在环境恶劣的边境沿线和天山南北的沙漠边缘，克服无数难以想象的困难，在新疆大地上创造了辉煌的业绩。兵团精神激励着当代大学生，特别是兵团大学生树立核心价值观，树立崇高的理想，培养高尚的品德和健全的人格。

4. 案例描述：

（1）教学具体内容。

在农药生物测定“田间药效试验”的章节中，讲述兵团植保专家张世海潜心田间、筛选农药，提高兵团作物病虫害防治水平的事迹。

1952 年驻疆部队开展大规模生产运动，当时，庄稼地里出现了病虫害，植保迫在眉睫。为了保住庄稼，张世海夏季几乎天天泡在庄稼地里观察、打药，以致得了严重的皮肤病，一只眼也快失明了。

1958 年，张世海所在连队种了6 000多亩甜菜，而当时象鼻虫灾害大面积发生，十分严重。张世海通过田间观察掌握了 72 种象鼻虫的活动规律，结合田间药效试验，制定了消灭象鼻虫的方案，及时控制了虫害，确保了连队甜菜丰收。

张世海曾先后17次被评为"先进生产者""劳动模范"。他的事迹最让人感动的是"从文盲到成为植保专家"。张世海对知识的钻研和对工作的痴狂在今天仍有现实意义，这也正是当下不少人所缺乏的专业精神。只有干一行、爱一行、钻一行，才能将从事的事业干出点名堂来，才能受到尊敬。

（2）教学方法。

教师在介绍"田间药效试验"的意义和方法时，总结出我国科研工作者在田间药效实验方面的贡献，有的放矢地对学生介绍"热爱祖国、无私奉献、艰苦创业、开拓进取"的兵团精神。

《农药学》“课程思政”教学案例

课程编号：40143002 **课程类别：专业必修课**
适用专业：应用化学专业
执 笔 人：陈艳 **参加人员：赵汗青**

案例一：

1. 案例主题：农药学中的民族自信心。

2. 结合章节：《农药学》，第一章《绪论》。

3. 案例意义：在第一章讲授农药学发展史时，讲授中国农药在世界农药发展中的重要作用及贡献，培养学生的民族自豪感和自信心。

4. 案例描述：

（1）教学具体内容。

讲授我国农药工业发展史上的具体案例，说明中国正从农药大国向农药强国迈进。内容如下。

①李时珍的《本草纲目》中记载着我国很早就使用矿物性和植物性药剂进行害虫防治。

②自 1990 年起，我国农药生产居世界第二位，1995 年国家成立了农药国家工程研究中心和农药创制中心，拥有 30 余个自主知识产权品种。

③氟吗啉是我国第 1 个获得美国、欧洲发明专利，第 1 个获得 ISO 通用名称，第 1 个在国外登记销售的创新农药品种。

④拓展：自 2018 年起，将每年秋分日设立为“中国农民丰收节”。

（2）教学方法。

课上通过提问、讨论的方式引导学生总结出中国农药发展的基本情况。

通过学生课下预习、课上提问，讨论总结出我国在农药行业发展中的贡献，有的放矢地对学生进行中华优秀传统文化方面的教育，增强学生的民族自豪感和文化自信。

案例二：

1. 案例主题：农药学中的生态环境安全意识，增强学生社会责任感。

2. 结合章节：《农药学》，第八章《农药环境毒理及环境风险评价》。

3. 案例意义：引导学生思考、探讨降低农药对环境的影响的措施与方法，牢固树立保护生态环境安全意识，增强学生社会责任感。

4. 案例描述：

（1）教学具体内容。

讲授农药带给环境的影响的案例。

①1962年，《寂静的春天》的出版给人类的生存问题敲响了警钟。

②农药施用后80%～90%会进入水源、土壤、大气和植物中，对环境产生污染和破坏，如美国涕灭威对地下水的污染等。

③拓展：印度博帕尔的农药厂，装有45吨剧毒的异氰酸甲酯的储气罐因冷阀门失灵泄出，导致0.6万～1.2万人死亡，受害人数在16万～20万人。

④拓展：5月22日为“国际生物多样性”日。

（2）教学方法。

通过讲授及课上提问，使学生树立保护生态环境安全的意识。

《植物保护创新创业课堂》“课程思政”教学案例

课程编号：302649 **课程类别：专业选修课**

适用专业：植物保护专业

执 笔 人：陈艳 **参加人员：覃晓春**

1. 案例主题：植物保护创新创业中的工匠精神。

2. 结合章节：《植物保护创新创业课堂》“微生物资源的利用”部分。

3. 案例意义：在讲授“植物保护创新创业”的内容时，结合沈寅初院士开发井冈霉素的历程，将求真务实、勇于探索、追求卓越、精益求精的工匠精神引入授课过程中。

4. 案例描述：

（1）教学具体内容。

农用抗生素指微生物生命活动过程中产生的，对植物病原菌、害虫、螨类、线虫、有害植物（杂草）等其他生物，能在很低浓度下显示特异性药理作用的天然有机物。

农用抗生素多数是从土壤中分离的放线菌类的代谢物，例如放线酮、庆丰霉素、链霉素、春雷霉素、井冈霉素等。

以稻瘟病的防治为例，虽然有机砷杀菌剂对稻瘟病有极佳的防治作用，但其残毒问题十分严重。

为了开发水稻纹枯病农用抗生素以取代有机砷农药，沈寅初院士和同事在全国各地挖掘泥土，寻找优良生产菌株。沈寅初院士说：“这一过程的艰难程度会使现在的年轻人瞠目结舌。”为了挖土，他们曾在原始森林中迷路，每天只背着一个水壶和几个馒头走数十里路。他们在来自全国各地上万份泥土里的几十万种微生物菌株里寻找着，承受着上万次实验后的上万次失望。经过不懈努力，1971 年他们走进革命老区井冈山，在这片红色的土壤中找到了有效防治水稻纹枯病的"药方"。

经过大面积的稻田试验，确定此种微生物的代谢产物对水稻无毒无害，对人畜也非常安全，是一种理想的无公害农药，沈寅初将其命名为"井冈霉素"。井冈霉素年防治水稻纹枯病面积达2亿～3亿亩，每年可挽回稻谷损失数十亿千克。

由于没有耐药性，井冈霉素的应用经久不衰，目前仍然是我国防治水稻纹枯病的首选药物。

教师可通过该案例展示井冈霉素的开发历程，让学生体会新农药创制过程中的困难，深刻感受沈寅初院士这种服务人民、造福社会的崇高职业精神，感受众多科学家在科学研究中的不懈努力和坚持，增强学生对老一辈科学家求真务实、勇于探索、追求卓越、精益求精的工匠精神的认知。作为植物保护专业的学生，要继承和发扬工匠精神，投身植保事业，做科技创新的追求者和引领者。

（2）教学方法。

课上通过提问、讨论的方式引导学生总结出农用抗生素的基本情况。

通过学生课下预习、课上提问讨论，总结出我国科研工作者在农用抗生素研究方面的贡献，有的放矢地将求真务实、勇于探索、追求卓越、精益求精的工匠精神引入授课过程中。

《普通昆虫学》“课程思政”案例

课程编号：40141005　　　　**课程类别：专业必修课**

适用专业：植物保护专业

执 笔 人：杜艳丽　　　　**参加人员：张爱环、覃晓春、李迁**

“普通昆虫学”是北京农学院植物保护专业学生的专业基础课，主要讲授昆虫形态学、昆虫生理学、昆虫生物学、昆虫分类学和昆虫生态学的基础知识和基本理论。“课程思政”是新时代中国特色社会主义的教育理念，目的是在引导大学生提升专业知识水平的同时进行正确的思想引领和思政教育。将“立德树人”根本任务落实于课堂教学的主渠道中，使课程思政与专业教学有机融合，真正实现全员育人、全程育人、全方位育人的目标，为国家生态安全建设和乡村振兴战略实施提供人才和科技支撑。

案例一：

1. 案例主题：治蝗专家——马世骏先生。

2. 结合章节：《普通昆虫学》第一版绪论，第五节《昆虫的重要性》。

3. 案例意义：通过讲解蝗灾对我国古代农业造成的严重危害，引出马世骏先生治蝗历史事件，将教学内容与爱国、爱岗有机结合，培养学生树立正确的人生观、价值观和世界观，提高学生的职业使命感及控制外来入侵有害生物的信心，同时逐步培养学生敬业、专注和创新的工匠精神。

4. 案例描述：在讲解《普通昆虫学》“昆虫与人类的关系”时，讲述蝗灾对农业生产的危害：蝗灾所至，遮天蔽日，草木皆尽，饿殍遍野，民不聊生。飞蝗是世界性大害虫，从春秋时代到新中国成立的2600多年中，明确记载的蝗灾就有800多次。蝗灾与水灾、旱灾一起并称三大自然灾害，曾经给中华民族带来过沉重的苦难。1951年，怀揣“科学报国”的昆虫生态学家马世骏先生回国后，通过调查研究，发现蝗虫喜好在水草丰茂之处产卵，因此提出了

“通过修建堤坝和控制水位等方式转变蝗虫生殖繁衍有利条件”的治蝗方案。该方案从蝗虫的源头开始治理，从根本上遏制了蝗虫的大量繁殖。从那时候开始，危害中国两千多年的蝗灾就得到了有效控制。本案例将教学内容与爱国、爱岗有机结合，引导学生树立正确的人生观、价值观和世界观，提高了学生的职业使命感。

案例二：

1. 案例主题：北京奥运会前夕草地螟的防控。

2. 结合章节：《普通昆虫学》第一版第三篇《昆虫生物学》，第二十二章《昆虫的习性与行为》，第三节《昆虫的趋性》、第四节《昆虫的群集与迁移》。

3. 案例意义：增强学生的专业认同感，使学生具有职业使命与责任担当。

4. 案例描述：在讲解《普通昆虫学》“昆虫的趋性和昆虫的群集与迁移”时，介绍了北京奥运会前夕，赛区周边发生草地螟灾害，迫在眉睫之际，中国昆虫学家根据设置在北京延庆的雷达监测数据，在明确草地螟的迁飞路径后，利用昆虫的趋光性，在河北怀来县，北京延庆、怀柔、密云和平谷设立第一道高空探照杀虫灯防护带，在昌平、顺义沿六环设置第二道防控带。按照诱集范围，每 2 千米区域设置 1 盏 1 000 瓦的高空探照灯，总数量达 300 盏。从后来统计结果来看，在草地螟发生的第一个高峰日——8 月 3 日，诱杀数量达 30 万只。同时，对奥运场馆周围的草地和园林，利用喷洒环保型植物源农药进行防治，确保了奥运会的顺利召开。通过该案例的讲授，使同学们一方面感受到当时草地螟防控任务的严峻性和紧迫性，另一方面又体会到通过植保专家的精准布控，阻挡了草地螟灾害，保障了奥运会的顺利进行，使学生获得专业认同感和职业使命感。

案例三：

1. 案例主题：鸭子是否可以治理迁飞中的蝗群。

2. 结合章节：《普通昆虫学》第一版第三篇《昆虫生物学》，第二十二章《昆虫的习性与行为》，第四节《昆虫的群集与迁移》。

3. 案例意义：引导学生用科学严谨的态度，理性地判断和解决问题。

4. 案例描述：在讲解《普通昆虫学》“蝗虫散居型和群居型”的问题时，

引入 2020 年非洲蝗灾爆发的案例，当时有不少网友建议把我国的鸭子运到巴基斯坦防治迁飞中的蝗群。让学生思考网友的建议是否科学、是否可行。在听取学生的讨论后，讲解中国科学院动物所康乐院士团队 2019 年在 *Science Advances* 发表的一篇研究论文（“Phenylacetonitrile in Locusts Facilitates an Antipredator Defense by Acting as an Olfactory Aposematic Signal and Cyanide Precursor”），该论文研究发现：群居型蝗虫的若虫和成虫均可释放大量苯乙腈，而散居型蝗虫不释放该挥发物。当蝗虫被鸟类攻击时，苯乙腈会转化为氰化氢，导致鸟类中毒。因此，群居型蝗虫通过释放苯乙腈作为嗅觉警示信号和高毒性氰化氢的前体来抵御天敌的捕食。不难看出，鸭子只喜食散居型蝗虫，而不喜欢取食释放大量苯乙腈的群居型蝗虫，因此，2020 年非洲蝗灾爆发，依靠鸭子治蝗是不科学的。通过介绍前沿研究进展，引导学生在解决问题时不盲目追风，一定要有科学严谨的态度，理性地判断和解决问题。

《园艺植物病理学》“课程思政”教学案例

课程编号：302514 **课程类别：专业必修**
适用专业：园艺
执　笔　人：高坦坦 **参加人员：任争光、石芮竹**

1. 案例主题：弘扬创新精神，加强文化自信——利用生物多样性控制植物病害。

2. 结合章节：第五章《植物病害的防治》第四节《生物防治》。

3. 案例意义：植物病害防治的发展日新月异，新理念、新概念、新方法、新技术不断涌现。本案例通过在植物病害防治教学过程中列举我国植物病理学专家朱有勇院士在利用生物多样性控制植物病害中取得的重大成就，一是激励学生要有敢为人先的科学探究意识，培养学生的创新意识；二是引导学生树立文化自信和民族自豪感，弘扬以爱国主义为核心的民族精神和以改革创新为核心的时代精神，培养学生科技强国的使命感和责任感。

4. 案例描述：

利用案例，以课堂讲授和随堂讨论的方式开展教学。

（1）知识讲解阶段：通过介绍植物病害生物防治的概念、原理和方法，说明植物病害生物防治的重要性，引导学生关注植物病害的生物防治，启发他们积极思考在植物病害的防治中如何推广及有效利用生物防治，激发学习热情。

（2）案例教学阶段：在介绍植物病害生物防治新方法和推广应用的过程中，采取互动式问答引导学生学习、理解并掌握植物病害生物防治的基础知识，鼓励学生勇于创造；同时穿插案例，介绍朱有勇院士研究团队在利用生物多样性控制植物病害方面取得的成果。

①利用水稻遗传多样性控制稻瘟病：针对品种单一化、大面积种植导致水稻品种抗病性丧失，稻瘟病暴发流行的难题，云南农业大学朱有勇教授从1996年开始深入田间地头调查研究，经过上千次的科学试验，从品种和病菌

的遗传多样性切入，研究了水稻品种遗传多样性和稻瘟病遗传多样性的协同进化关系，探明了水稻生态学效应和疾病流行机制，明确了利用水稻多样性控制稻瘟病的基本规律及原理，发明了水稻遗传多样性控制稻瘟病的技术，建立了一整套技术参数和技术规程，完成了大面积的应用示范，有效地控制了稻瘟病的流行，增加了单位面积的产量，保护了大量的地方品种资源。2000 年，该研究在 *Nature* 上发表全文，*Nature* 配发了专题评论：利用水稻品种多样性基本控制了最严重的水稻病害——稻瘟病的流行，突破了品种单一化的弊端，为简便和持续地解决农业生产中出现的问题提供了佐证。近 5 年，该技术累计推广 1.6 亿余亩，减少农药施用量 60%以上。

②利用作物多样性种植防控病害：针对农田作物品种单一化种植导致病虫害暴发流行，致使农药用量大幅度增加的重大难题，云南农业大学朱有勇研究团队从生态角度应用生物多样性原理，探明了利用作物多样性控制病虫害的效应及关键因子，揭示了关键因子控制病虫害的机制，创建了作物多样性控制病虫害的关键技术，解决了作物品种单一化种植带来的病害暴发难题，成为国际上利用生物多样性控制病害的成功典范。

以上案例证实了我国科学家在植物病害防治发展过程中所发挥的不可替代的作用。通过将此案例融入专业知识的学习中，鼓励学生进行科学创新，培养学生热爱祖国的深厚感情，帮助学生建立民族自豪感，增强民族文化自信，鼓舞学生在不久的未来努力在植物病理学发展的长河中掀起朵朵浪花。

（3）小结讨论阶段：总结植物病害生物防治的基本知识，将学生分成小组，开展小组讨论。通过让学生思考植物病害生物防治现有的问题、应用前景、如何扩大推广生物防治等，鼓励学生相信自己的创造力、想象力，勇于实践，大胆探索，提升学生的思辨能力和分析水平，坚定信念、努力前行。布置小组课后作业，让学生查阅文献，汇总我国现有的发病严重的植物病害以及防治策略，通过小组课后作业的完成，培养学生的科研素养、沟通能力和团队协作能力，以及学生投身植物保护事业的责任感和使命感。

《土壤学》“课程思政”教学案例

课程编号：40143010 **课程类别：专业核心课程**

适用专业：农业资源与环境

执 笔 人：贾月慧 **参加人员：刘杰、梁琼、杨雨萍**

1. 案例主题：充分认识人的主观能动性，遵循自然规律，客观分析问题，建立辩证思维。

2. 结合章节：第一章《土壤形成》第一节《土壤形成的因素》。

3. 案例意义：现在土壤的形态和特性的形成，既有自然因素的影响也有人类活动的痕迹，其中人类活动对土壤的影响不同于母质、气候、地形等自然因素，具有独特的作用。因为人作为高级动物是有思想的、有意识的，其行为是有目的的、定向的，同时还具有社会性，特别是对土壤形成的两重性，更体现了人类在探索、利用、管理自然资源时，人的主观能动性的重要性。人类主观能动性的发挥会受到社会生产力发展的制约，同时人类的活动对土壤的影响既有积极的一面也有消极的一面，如土壤肥力可以通过人们的施肥、锄、耙、灌溉等农事活动得到提升，但是施肥过多对土壤具有不可逆转的破坏作用，等等。这些都能体现人的主观能动性、遵循自然规律、客观地分析人类活动、建立辩证思维的思政点。

4. 案例描述：

（1）课程教学目标。

掌握人类活动对土壤形成的影响。

（2）思政育人目标。

通过比较自然因素和人为因素对土壤形成的影响，让学生充分理解人的主观能动性的重要性，建立历史唯物观，并学会利用辩证思维分析问题。

（3）教学内容。

土壤形成是一个漫长的过程，在这个漫长的过程中，会受到自然因素的影响，同时也会受到人类活动的影响。自然因素和人类活动对土壤形成的影响有着本质的不同。有什么本质上的差异呢？该切入点就是知识内容和思政点开始的地方。

（4）教学设计和实施过程。

首先请学生根据图 1 对比自然因素和人为因素，看有什么差异。

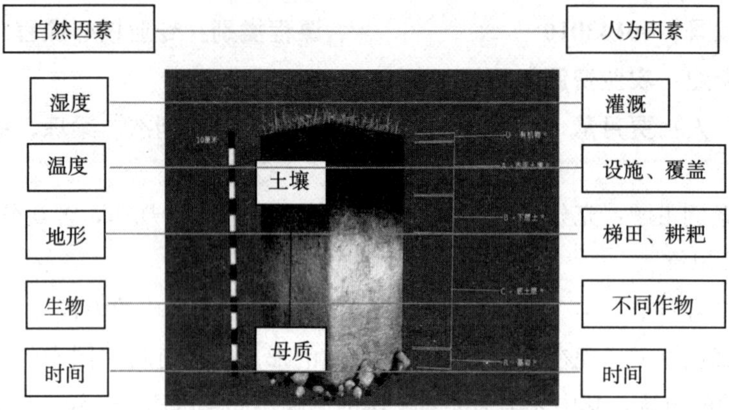

图 1　对比自然因素和人为因素对土壤形成的影响

讲解人类活动对土壤形成的影响与自然因素对土壤形成的影响的本质区别，并引出哲学思想和思政点，实施过程如图 2 所示。

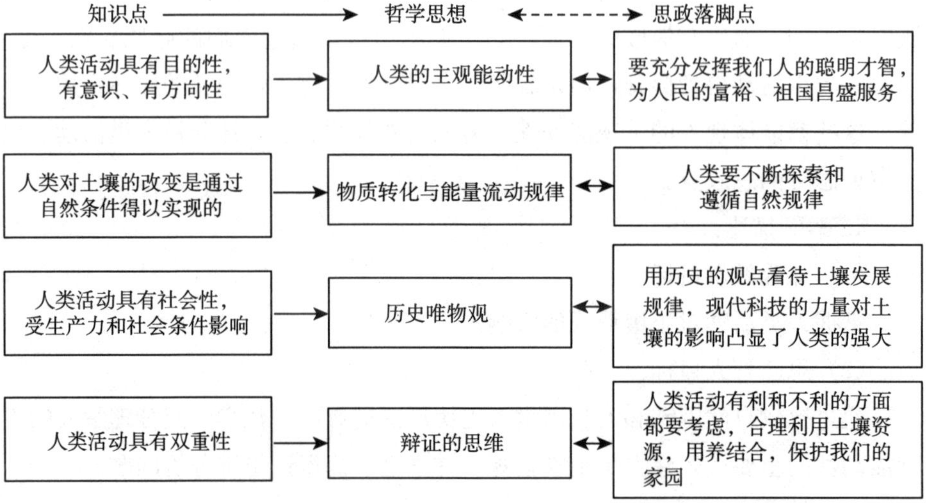

图 2　知识点与哲学思想、思政落脚点之间的关系

《土壤肥料学》“课程思政”教学案例

课程编号：40133009 **课程类别：专业基础课**

适用专业：植物保护、农学、园艺

执 笔 人：梁琼 **参加人员：刘杰、贾月慧**

案例一：

1. 案例主题：农耕文明的基石——土壤。

2. 结合章节：《绪论》。

3. 案例意义：通过介绍人类对土壤的认识历程，尤其是我国古代劳动人民在农业生产实践中对土壤的认识，以古代典籍中对土壤的记载和汉字的释义与演变为具体案例，融入关于土壤和农耕文明的思考，在讲授土壤知识的同时，弘扬中华农耕文化，树立起学生的民族自豪感和专业自豪感，以及保护土壤资源、保护生态环境的意识。

4. 案例描述：

（1）课程教学目标。

了解人类对土壤的认识历程，理解土壤在农业生产和自然环境中的重要性。

（2）思政育人目标。

通过辨析土壤在农耕文明发展中的角色和重要地位，引导学生传承和弘扬中华农耕文化，树立民族自豪感和专业自豪感。通过分析土壤在农业生产和自然环境中的重要性，引导学生树立保护土壤资源、保护生态环境的意识。

（3）教学具体内容。

①人类对土壤的认识历程。土壤是农业生产的基础，也是人类生存和发展的基础。古人对土壤的认识甚至可以追溯到上古神话时期。在中国古代神话

中，女娲用黄土造人；在希腊神话中，普罗米修斯用泥土造人；在《圣经》中，上帝用尘土造人。从各神话体系中惊人一致的表述可以看出，古人关于土壤对人类的重要性有着统一的认识。

我国是具有悠久历史的农耕文明古国，在《禹贡》《周礼》《管子》等夏、商、周时期的典籍中就有了对土壤分类的记载，先人们对土壤的认识和理解伴随着整个中华文明的发展历程。对于土壤属性和功能的认识，也可以从文字的演变和发展中看出端倪。《周礼》中记载“万物自生焉则曰土”，《说文解字》对“土”的解释为“土者，地之吐生万物者也。‘二’象地之上、地之中，‘丨’，物出形也”，生动地描述了“土”字的构造。作为象形字，“二”表示上下两个土层，而“丨”表示从土中生长出的植物。《说文解字》对“壤”的解释为：“壤，柔土也。从土、襄聲。”作为象形兼会意字，“壤”字“从土”表示与土地有关，“从襄”表示解衣而耕，以犁助耕之形。由此可见，古文中“土”和“壤”的含义是有差异的，“土”偏重强调土壤的自然属性，而“壤”偏重强调土壤的生产属性，这也是我国古代劳动人民在农业生产中总结出的智慧结晶。

随着农业现代化的发展和科技的进步，我们对于土壤组成和性质的研究及理解更加深入，土壤管理、土壤改良的技术手段也更加先进，对土壤在农业生产中的重要性也有了更新的认识。

②土壤在农业生产和自然环境中的重要性。土壤是珍贵的自然资源，是人类从事农业生产的基地，为人类提供了80%以上的热量、75%的蛋白质和纤维素。土壤为种植业生产提供了植物生长所必需的水分和养分，为植物根系生长提供了坚实的机械支撑、适宜的空气流通和温度条件，良好的土壤结构和土壤性状是满足农作物可持续生产的保证。同时，土壤中生长出的植物也为养殖业生产提供了饲料来源。作为一种不可再生资源，形成1厘米厚的土壤需要300年甚至更长的时间，因此，保护好土壤资源是维系人类生存和发展的重要保障。

土壤还是地球表层生态系统的重要组成部分，作为地表生态系统五大圈层之一和重要的环境介质，土壤既是连接生命和非生命系统的中心环节，也是地表物质和能量交换最活跃的圈层，对于全球生物地球化学循环和维持生态系统健康具有重要意义。

(4) 案例教学设计如表1所示。

表 1 案例教学设计

教学内容	思政要素切入点	育人目标
农耕文明的基石——土壤 ①人类对土壤的认识历程 神话体系：土壤对人类的重要性 农耕文明： ·我国古代典籍关于土壤的记载《禹贡》《周礼》《管子》； ·汉字“土”和“壤”的释义与演变；	我国作为农耕文明古国，在夏商周时期的典籍中就有了对土壤分类的记载，先人们对土壤的认识和理解伴随着整个中华文明的发展历程	引导学生传承和弘扬中华农耕文化，树立民族自豪感和专业自豪感
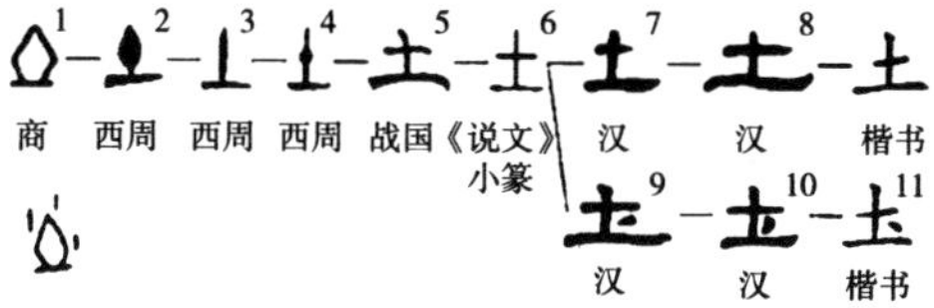  	汉字“土”和“壤”的结构中，体现了古人在农业生产实践中对土壤的认识和理解	领略中华文明灿烂的农耕文化底蕴和精神传承
·土壤的自然属性与生产属性； ·近现代土壤学的发展。 ②土壤在农业生产和自然环境中的重要性 ·土壤是人类农业生产的基地； ·土壤是地球表层生态系统的重要组成部分； ·土壤是珍贵的自然资源。 课后思考：我国古代典籍和文学作品中还有哪些关于土壤的描述？	土壤是人类赖以生存的基础，对于农业生产和自然环境都具有不可替代的作用。作为一种不可再生资源，保护土壤资源就是保护人类的未来	引导学生树立保护土壤资源、保护生态环境的意识

（5）实施过程。

在《绪论》一章关于“人类对土壤的认识历程以及土壤的重要性”这一内容的讲授中，将古人对土壤的认知与农耕文明的发展相联系。首先，引入不同神话体系中人类与土壤的关系，反映出古人对土壤重要性的认识。其次，着重介绍我国古代典籍中关于土壤的记载，结合汉字的演变中所体现出的古人对土壤的理解，突出我国悠久的农耕文明的发展历史中，劳动人民在农业生产实践中对土壤的认知。再次，过渡到近现代土壤学的发展，以及对土壤重要性的分析。最后，通过“农耕文明”思政点的引入，使学生在学习过程中领略中华文明灿烂的农耕文化底蕴和精神传承，树立民族自豪感和专业自豪感，增强保护土壤资源和生态环境的意识。

在教学方式上，通过古代典籍案例和汉字演变图，增强教学的趣味性，提高学生学习的兴趣和主动性，加强知识点记忆。通过布置课后思考题，让学生查阅我国古代典籍和文学作品中，还有哪些关于土壤的描述，增强学生课堂知识和文学素养的结合，提高学生综合素质。

案例二：

1. 案例主题：敢教日月换新天——土壤盐渍化与碱化防治。

2. 结合章节：《土壤酸碱性和氧化还原性》。

3. 案例意义：结合土壤盐渍化和碱化过程与防治这一课程知识点，重点介绍焦裕禄同志在兰考县治沙、治水、治碱的事迹，和以石元春、辛德惠为代表的中国农业大学的老师们在曲周县改土治碱的事迹。通过以上案例向学生宣传优秀党员干部和农业科技工作者胸怀祖国、服务人民、艰苦奋斗的拼搏精神和奉献精神，鼓励学生学好专业知识，发挥专业所长，积极投身农业现代化建设。

4. 案例描述：

（1）课程教学目标。

掌握土壤发生盐渍化和碱化的原因，了解土壤盐渍化和碱化防治的技术手段。

（2）思政育人目标。

通过土壤盐渍化和碱化的防治案例，学习“焦裕禄精神”和“曲周精神”，培养学生作为新时代农业科技人才的使命感和责任感，学习前辈们的奋斗精神和开拓精神，坚定服务“三农”、服务乡村振兴的初心使命。

（3）教学具体内容。

①土壤盐渍化和碱化的成因。我们俗称的“盐碱土”的形成包含“盐渍化”和“碱化”两个不同的土壤发生过程。其中盐渍化过程是可溶性盐类在土壤中的积累所致，除了滨海地区土壤受海水浸渍的影响，在内陆干旱、半干旱地区，由于蒸发量大于降水量，土壤表面蒸发作用强烈，土壤水分以上行为主，母质和地下水中的盐分随水运动并在土表聚集，从而导致土壤盐渍化。

而土壤碱化过程主要是土壤中碳酸盐和碳酸氢盐的水解，以及交换性钠离子的水解所致。前者常发生在石灰性土壤中，使土壤呈弱碱性；而后者常发生在土壤脱盐过程中，土壤溶液中的钠离子与土壤胶体上吸附的钙、镁离子发生离子交换吸附，使土壤胶体吸附大量交换性钠，其经过水解从而使土壤呈强碱性。

②土壤盐渍化和碱化的防治。土壤盐渍化和碱化往往与土壤水分条件有关，同时会导致土壤板结，肥力下降，危害作物生长。对于盐渍化和碱化土壤的治理，首先需要弄清成因，对症下药，采取综合防治措施。常用的措施包括：a. 水利措施。通过合理排灌、放淤等手段，调节土壤水分状况。b. 农业管理。通过土地平整、耕作改良、施肥、轮作、间作等方式，改良土壤性状。c. 化学改良。施用化学改良剂，如石膏、亚硫酸钙等，缓解土壤碱化程度。d. 生物改良。选择耐盐碱的植物，或者种植绿肥作物和牧草。

③我国盐碱土治理案例及事迹。

案例1："焦裕禄精神"。焦裕禄同志在河南省兰考县担任县委书记期间，兰考县遭受严重的内涝、风沙、盐碱灾害，焦裕禄同志与全县干部和群众一起，在艰苦的环境下开展试验，总结经验，摸索出了治理"三害"的方法：通过植树造林，防风固沙；通过翻淤压碱，开沟淋碱，打埂躲碱，引进耐碱作物，治理碱害。兰考县内涝、风沙、盐碱得到有效治理，体现出了"亲民爱民、艰苦奋斗、科学求实、迎难而上、无私奉献"的"焦裕禄精神"。

案例2："曲周精神"。河北省曲周县曾是白茫茫的盐碱滩，粮食产量低下。1973年，以石元春、辛德惠为代表的中国农业大学老师们响应国家号召，扎根曲周，改土治碱，经过大量的试验和论证，摸清了当地的土壤水盐运动规律，提出了"井沟结合，农林水并举"的综合治理措施，建立了盐渍化障碍因素综合治理工程配套体系，将曲周的"盐碱滩"改造成了"米粮川"，并且将曲周的盐碱治理经验成功推广到整个黄淮海平原的盐碱地治理中，推动了涉及3.8亿人口、4.7亿亩耕地的低产田治理工程，用行动诠释了"责任、奉献、科学、为民"的"曲周精神"。

（4）案例教学设计如表2所示。

表 2 案例教学设计

教学内容	思政要素切入点	育人目标
敢教日月换新天——土壤盐渍化与碱化防治 ①土壤盐渍化和碱化的成因 **盐渍化：** · 海水浸渍（滨海地区） · 蒸发强烈—水分上行—盐分积累（干旱、半干旱内陆地区） **碱化：** · 碳酸盐和碳酸氢盐的水解 · 交换性钠的水解 ②土壤盐渍化和碱化的防治 · 水利措施（合理排灌、放淤……） · 农业管理（耕作、施肥……） · 化学改良（石膏、亚硫酸钙……） · 生物改良（耐盐碱植物……）	通过辨析盐碱土的成因、类型及区别，学会用联系的观点看问题，具体问题具体分析	培养学生用联系和发展的眼光看待问题，提高分析问题、解决问题的能力
盐碱土治理案例与事迹： ①“焦裕禄精神”   ②曲周精神  	“焦裕禄精神”——“亲民爱民、艰苦奋斗、科学求实、迎难而上、无私奉献” “曲周精神”——“责任、奉献、科学、为民”	培养学生作为新时代农业科技人才的使命感和责任感，学习前辈们的奋斗精神和开拓精神，坚定服务“三农”、服务乡村振兴的初心使命
课后思考：在设施农业生产中，往往也会出现土壤盐渍化的问题，结合设施农业生产环境和管理措施的特点，试分析出现土壤盐渍化的原因	关注农业生产中的实际问题，将所学知识应用于实践	培养学生关注农业生产实际问题的积极性和主动性，引导学生理论联系实际

（5）实施过程。

在《土壤酸碱性和氧化还原性》一章关于"土壤盐渍化和碱化成因及防治"这一内容的讲授中，在讲解完土壤盐渍化和碱化的成因、类型和防治措施后，以具体案例的形式，介绍焦裕禄同志和以石元春、辛德惠为代表的老一代中国农业大学教师改土治碱的事迹。既是对知识点的加深和巩固，也是通过案例弘扬"焦裕禄精神"和"曲周精神"，培养学生作为新时代农业科技人才的使命感和责任感，学习前辈们的奋斗精神和开拓精神，坚定服务"三农"、服务乡村振兴的初心使命。

在教学方式上，通过播放《焦裕禄》《中国粮的奇迹》纪录片片段，展现上述案例，以直观的影像加深学生的印象，留下课程记忆点，增强教学的吸引力和视觉冲击力，提高课程思政的效果。通过课后思考题，让学生理论联系实际，关注农业生产中的实际问题，培养知农爱农的情怀，学会灵活运用所学知识，提高分析问题、解决问题的能力。

《资源环境统计分析》“课程思政”教学案例

课程编号：40143011　　**课程类别：专业必修课（专业核心课）**
适用专业：农业资源与环境
执 笔 人：杨雨萍　　**参加人员：石生伟、贾月慧、刘杰**

1. 案例主题：科学严谨，合理批判——回归与相关的“误区”。

2. 结合章节：第七章《直线回归与相关分析》。

3. 案例意义：“回归与相关分析”是研究两个或多个环境变量之间关系的数据分析方法，在农业资源与环境专业本科生趣味课题、科研训练、专业实习、毕业实习和毕业论文（设计）等培养环节应用广泛，但在实际应用中常被误用或作出错误的解释。因此，在理解并掌握直线回归与分析基本概念、直线回归方程的建立、相关系数的计算及假设检验的基础上，还应避免进入分析的误区。这就需要教师在课堂讲授过程中引入多个实例，帮助学生充分理解直线回归与相关分析的注意事项，使学生能够结合实际应用场景，提高观察思考和判断推理能力，从而培养学生的批判性思维，做到严谨治学，最终提高学生的综合能力。

4. 案例描述：

（1）教学内容。

第七章《直线回归与相关分析》。

（2）教学目的。

①理解变量之间的关系框架图。

②理解回归分析与相关分析的概念及关系。

③掌握直线回归方程的建立并熟练进行假设检验（F 检验和 T 检验）。

④理解决定系数（r^2）和相关系数（r）的概念及关系。

⑤掌握相关系数（r）的计算并熟练进行假设检验（F 检验和 T 检验）。

⑥了解直线回归分析与直线相关分析的区别与联系。

⑦掌握直线回归分析与直线相关分析在实际应用中的注意事项。

⑧能将所学内容熟练且正确地运用到趣味课题、科研训练及毕业设计中。

（3）教学重点。

直线回归方程的建立与假设检验；相关系数的计算及假设检验；直线回归关系与直线相关关系的区别与联系。

（4）教学难点。

让学生充分理解直线回归关系与直线相关关系在实际应用时的注意事项，并能够正确运用。

（5）教学手段。

使用 PowerPoint 制作的教学课件，结合 Excel 和 SPSS 在计算机上进行实际操作。

（6）教学特点。

运用现代教育技术手段，结合最前沿的科研进展进行举例，丰富学生视野，突破重难点，复习巩固所学知识，并开拓学生思维。

（7）具体内容和步骤。

①知识回顾及课程引入。用提问的方式，回忆前 3 次课程内容（假设检验和方差分析），承上启下引出要讲的内容。前面的课程主要讲了两方面内容，即假设检验和方差分析（包括单因素方差分析和多因素方差分析），这些内容中涉及几个变量？（答：1 个。）但变量之间常常是相互影响、彼此相关的。因此，需要研究两个或多个变量之间的关系。

②首先介绍变量之间的关系。变量之间的关系主要包括函数关系和相关关系两类，其中相关关系包括因果关系和平行关系，分别对应回归分析和相关分析。要求学生理解变量之间的关系（图 1）。

本科期间的课程中，主要介绍一元回归分析中的直线回归分析和简单相关分析中的直线相关分析。

③通过散点图展示两个变量之间的关系，引出直线回归关系。依次详细讲解直线回归方程的建立和假设检验，其中假设检验部分的 F 检验与前面课程中的假设检验原理类似。为了培养学生的观察思考和判断推理能力，通过翻转课堂的方式，让学生自己完成并进行课堂分享，这部分内容需要学生重点掌握。

④介绍直线相关关系部分的内容，依次讲解决定系数（r^2）、相关系数（r）的概念与计算以及相关系数的假设检验，这部分内容需要学生重点掌握。

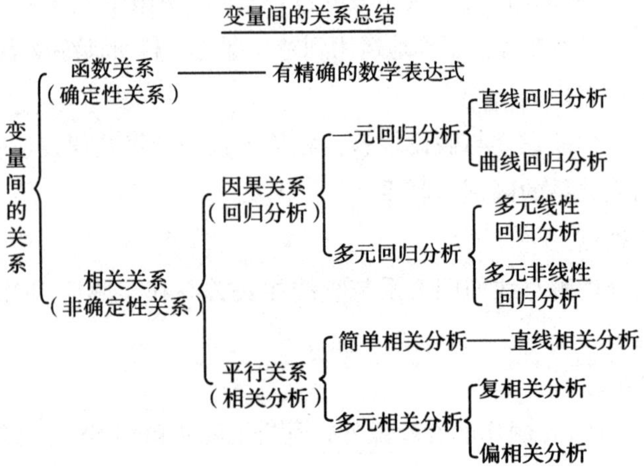

图 1 变量之间的关系

⑤进行小结，并引导学生总结得出直线回归分析与相关分析的关系（异同点），进而培养学生刻苦钻研的学习习惯。

⑥借助科学研究过程中的实例（图 2），通过实验场景的描述，引导学生

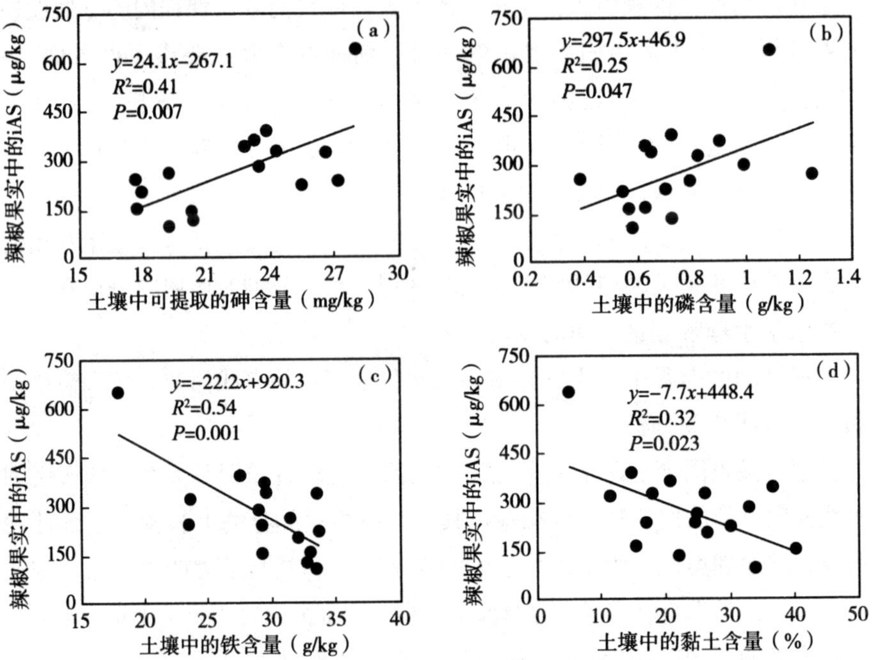

图 2 回归分析与相关分析的实例

进行回归分析或相关分析的判断，从而更加深入地理解直线回归与直线相关分析的应用场景或图表的表达形式。通过对典型场景的描述与实例讲解，指出回归分析与相关分析的六大注意事项，从而培养学生的批判性思维，达到严谨治学的目的。最终使学生能够将本次课程内容正确运用到实际科研工作中去。

⑦进行 SPSS 和 Excel 的计算机实际操作训练，完成一次从数据分析到作图的全过程练习，达到学以致用的目的。其间严格按照科技文献的格式要求对学生的数据分析及图表表达进行监督指导，培养学生严谨的科研态度。

⑧完成课程小结及作业的布置。

《土壤肥料学》“课程思政”教学案例

课程编号：40143009　　　　　　**课程类别：专业基础课**

适用专业：农学专业、园艺专业、植保专业、园林专业、林学专业

执　笔　人：刘杰　　　　　　　　**参加人员：贾月慧、梁琼、杨雨萍**

案例一：

1. 案例主题：科学观的辩证思维。

2. 结合章节：第九章《植物营养与施肥原则》。

3. 案例意义：辩证思维是指将辩证法特别是唯物辩证法应用于思维过程的一种总体性的思维方式，是最高层次的哲学思维模式，也是一种根本的、科学的思维方式。我们生活在一个多维的世界中，特别是现在这个信息化时代，网络给我们的世界又增加了数个维度。错综复杂的信息扑面而来，需要我们用科学的辩证思维甄别信息，对我们所面对的现象进行降维，寻求事物的真相。

4. 案例描述：

植物营养特性与施肥原则中，我们提倡有机与无机肥料合理施用，这样有利于土壤健康和植物营养平衡，而不是一味强调不施用任何无机肥料。现在社会上有一种普遍的认识：无机肥料是有害的，它会破坏我们的土壤，导致土壤酸化、板结，水体富营养化，等等，甚至一谈到氮肥就“色变”。这是对化肥的一种偏见，是对化肥在人类历史上贡献的否定。化肥的施用，为人类提供了60%以上的营养物质，人体80%以上的蛋白含量来自人工合成的氮肥。如果没有化肥，就没有我们人类现在的文明。现在看到的农业环境问题，是由于诸如施用量过大等不合理的化肥施用方法导致的。如果我们在施用量、施用时间上合理控制，并结合有机肥料施用和调控，不仅能有效控制土壤退化、环境污染的问题，保持绿水青山，还能提供给我们人类充足的食物。通过这样的讲解，让学生树立正确的、科学的辩证思维。

案例二：

1. 案例主题：教育“为谁培养人，培养什么人”。

2. 结合章节：第十章《氮素营养及肥料》。

3. 案例意义：科学技术是第一生产力，可以让生活更加美好。科学技术的日新月异让人类不仅可以飞跃地球、进入太空，还可以钻探地壳内部，探索海洋深处的奥秘。然而科学技术是一把双刃剑，如何让科学技术为人类福祉服务，需要我们明白教育的真正目的。

4. 案例描述：

在第十章《氮素营养及肥料》教学时，讲到“氨的合成”，我们会提到德国人弗里茨·哈伯，他是著名的物理化学家。赞美他的人说，他发明“化工合成氨”用于农业，因为他用空气制造了面包，他是天使；而诅咒他的人，说他是魔鬼，因为他是纳粹德国的重要将领，他将合成氨进一步制造硝铵用于第一次世界大战，他利用他的化学知识，在人类历史上第一次使用化学武器，给人类带来了无尽的灾难和痛苦。通过这个知识的讲解，让学生深刻体会，科学技术是一把双刃剑，要将所学用于为人类的福祉服务上，同时通过这个知识点的讲解，体现我们的教育“为谁培养人，培养什么人”。

《资源环境信息技术》“课程思政”教学案例

课程编号： **课程类别：专业核心**
适用专业：农业资源与环境
执 笔 人：刘云 **参加人员：刘云、石生伟、梁琼、王敬贤**

1. 案例主题：我国航天事业科技兴国——培养学生爱国主义情怀。

2. 结合章节：第一章《绪论》。

3. 案例意义：资源环境信息技术的数据离不开航空遥感平台的建设，且平台依赖对地观测卫星应用系统——综合应用平台，形成集中式接收、定量化处理、服务型分发、模式类应用的共享平台，完成在国土测绘与监测、气象观测与服务、资源考察、城市规划管理与监测、交通运输、农林监测、地质勘探、环保监测及防灾减灾等领域的应用。可见，该平台的建设为农业资源环境专业学生应用地球资源卫星和气象卫星数据进行专业分析奠定了基础。本部分绪论重点让学生了解技术的支撑来自强大的国家航天科技实力，通过观看相关视频，让学生明白我国航天事业在国家科技战略中的重要性，教育学生应用好尖端的科学技术，激发和培养学生的爱国主义情怀。

4. 案例描述：

在本章节的讲授中，首先介绍遥感的定义。遥感是指非接触的，远距离的探测技术。一般指运用传感器/遥感器对物体的电磁波的辐射、反射特性的探测。遥感是通过遥感器这类对电磁波敏感的仪器，在远离目标和非接触目标物体条件下探测目标物，获取其反射、辐射或散射的电磁波信息（如电场、磁场、电磁波、地震波等信息），并进行提取、判定、加工处理、分析与应用的一门科学技术。

通过观看相关视频融入课程思政内容。教学内容为：我国遥感技术的发展过程，尤其是现代航天事业对遥感应用技术的支撑。通过视频《中华人民共和国的航天事业》让学生知道国际航天领域的科技竞争以及我国的实力。

具体视频内容如下：中华人民共和国的航天事业始于1956年，中国于

1970 年 4 月 24 日发射第一颗人造地球卫星，是继苏联、美国、法国、日本之后世界上第 5 个能独立发射人造卫星的国家。中国发展航天事业的宗旨是：探索外太空，扩展对地球和宇宙的认识；和平利用外太空，促进人类文明和社会进步，造福全人类；满足经济建设、科技发展、国家安全和社会进步等方面的需求，提高全民科学素质，维护国家权益，增强综合国力。中国发展航天事业贯彻国家科技事业发展的指导方针，即自主创新、重点跨越、支撑发展、引领未来。国务院新闻办公室发表的《2016 中国的航天》白皮书显示，2011 年至今，中国航天事业持续快速发展，自主创新能力显著增强，进入空间能力大幅提升。2016 年，新一代的长征七号、长征五号运载火箭相继发射成功，使中国火箭运载能力进入国际先进行列。中国运载火箭成功升级换代，擎起迈向航天强国的中国力量。2020 年 4 月 24 日，国家航天局在"2020 年中国航天日线上启动仪式"上公布：中国行星探测任务被命名为"天问系列"，首次火星探测任务被命名为"天问一号"，后续行星任务依次编号。2020 年 7 月 23 日 12 时 41 分，长征五号遥四运载火箭托举着我国首次火星探测任务"天问一号"探测器，在中国文昌航天发射场点火升空。

应用地球资源卫星数据，学生能迅速、全面、经济地获取有关地球资源的情况，对专业领域中的土地利用、土壤水分监测、农作物生长、森林资源调查、地质勘探、海洋观测、油气资源勘查、灾害监测和全球环境监测等地球资源开发与利用进行系统分析，不断激发学生的探索精神。目前，在我国北斗导航系统的科技引领下，从北斗导航系统到"天眼工程"的高分专项，再到实践十三号高通量通信卫星……一系列普惠民生的航天重大工程为大家绘出了一幅由航天高科技支撑的美好生活画卷：不论身在何方，"北斗"帮你导航；足不出户，"风云"帮你知天象；万米高空的飞机里上网、打电话也不再是梦想。"这些是对'航天创造美好生活'的最佳诠释。"我国民用遥感卫星数据分发量累计超过 1 000 万景，卫星电视直播用户突破 7 000 万人。"北斗"终端持有量 400 万余套，卫星应用年产值超过 2 000 亿元。当前，空间信息正加快与大数据、云计算、物联网等高新技术融合，"互联网＋卫星应用"战略性新兴产业孕育发展，有望成为新的经济增长点。此外，航天成果转化成效初显，有效促进了传统产业的升级。试看未来的中国航天，航天"神剑"将筑牢国家安全之基，航天探测器将飞向更加深邃的太空，军民融合将开辟更广阔的天地。

《普通生态学》“课程思政”教学案例

课程编号：40131011 **课程类别：专业核心课程**

适用专业：农业资源与环境

执 笔 人：段碧华 **参加人员：郭家选、高凡**

1. 案例主题：更深入地了解国家相关政策的制定及实施，引领学生遵循自然生态规律，培养辩证思维，实现正确价值观和人文素质的有机结合。

2. 结合章节：第五章《生态系统生态学》第三节《物质循环》。

3. 案例意义：2019 年 11 月 27 日，北京市十五届人大常委会第 16 次会议表决通过北京市人大常委会关于修改《北京市生活垃圾管理条例》的决定。这部条例于 2011 年制定，此次修改后的《北京市生活垃圾管理条例》对生活垃圾分类提出更高要求，该条例于 2020 年 5 月 1 日起正式施行。生活垃圾分类的目的是减少垃圾处理量和处理设备的使用，提高垃圾的资源价值和经济价值，具有重要的社会、经济和生态效益。那么，北京市政府为何制定并修改管理条例？制定管理条例的思路有何科学依据？

4. 案例描述：

（1）案例来源。

我国是最早提出“垃圾分类”的国家之一。从先秦时期、唐朝、宋朝到明清时期，城市和乡村垃圾处理形成了完备的产业链，从而使环境状况有所好转。1957 年，在“勤俭建国”的大背景下，北京市提出“城区分类收集垃圾”的构想。这是中国国内第一次出现了垃圾分类的口号，同时，北京也成为全球公认的最早提出垃圾分类的城市。2000—2016 年，国家相关部门先后下发了《关于公布生活垃圾分类收集试点城市的通知》《生活垃圾分类标志》《城市生活垃圾分类及评价标准》《城市生活垃圾管理办法》和《垃圾强制分类制度方案（征求意见稿）》等相关政策文件，为后来的垃圾分类工作开展奠定了基础。2016 年 12 月和 2019 年 6 月，国家主席习近平先后两次在中央财经领导小组会议上，对垃圾分类工作作出重要指示。2019 年 11 月，北京市十五届人大常委会第 16 次会议表决通过北京市人大常委会关于修改《北京市生活垃圾管理条例》的决定。

这些相关政策的制定都表明，中国垃圾分类管理体系逐步按照“普通生态学”物质循环原则，完成了垃圾的减量化、无害化、资源化目标。在节省土地资源，提高土地利用率，减少环境污染，保护生态环境，变废为宝，提高垃圾资源利用水平，实现再生资源的利用，提高民众价值观念和个人素养等方面发挥着指导性作用。

（2）具体教学内容。

①地球上物质循环的基本形式：生物地球化学循环。包括地质大循环和生物小循环。其中地质大循环是指物质或元素经生物体的吸收作用，从环境进入生物有机体内，然后生物体以死体、残体或排泄物形式将物质或元素返回环境，进入五大自然圈（大气圈、水圈、岩石圈、土壤圈、生物圈）的循环过程。该过程时间长、范围广，是闭合式循环。而生物小循环是指环境中的元素经生物吸收，在生态系统中被相继利用，然后经过分解者的作用再被生产者吸收、利用。此过程时间短、范围小，是开放式循环。

垃圾一般指人类在某些生产、加工、流通、消费及生活过程中，提取所需要的组分后弃之不用的剩余物质。对化学来说，无废物可言，有的只是未经利用的原料，或者称“放错了位置的资源”。垃圾主要包括工业垃圾和生活垃圾。生活垃圾是生活废物，成分非常复杂，有剩菜、纸张、塑料、金属、织物、废灯管、橡胶、竹木、尘土、电子废弃物等。如果处置不当，离开了生物小循环，就会造成环境污染、疾病传播、空气污染、水体污染、引起动物误食。

②物质循环的库、源和流：根据物质的输入和输出率，物质循环的库可归为两大类。一为贮存库，其容量相对较大，物质交换活动缓慢，一般为非生物组分的环境库；二为交换库，其容量相对较小，与外界物质交换活跃。处于生态平衡条件下的生态系统，每个库的输入与输出基本是持平的，从而保持系统的稳定性，但在某些情况下，由于受到外力的干扰可能出现不平衡状况。当出现这一情况时，我们一般将产生和释放物质的库（即输出大于输入）称为源，而将吸收和固定物质的库（即输入大于输出）称为汇。物质在库与库之间循环转移的过程称为流。生态系统中的能流、物流和信息流使生态系统各组分密切联系起来，并使系统与外界环境联系起来。没有库，环境资源不能被吸收、固

定、转化为各种产物；没有流，库与库之间就不能联系、沟通，则会使物质循环断裂，生态系统必将瓦解。人类生态系统中，随着人们物质生活条件的改善，在物质循环过程中，废物源产生速度快，而储存废物的交换库由于其容量相对较小，库不足，环境资源不能被吸收、固定、转化为各种产物。同时，人类生态系统中物质循环的流不畅通，物质的循环效率偏低，产生的大量废物不能够顺利进入物质循环过程中，造成资源的巨大浪费。

③物质的循环效率（*EC*）：生态系统中某一组分的贮存物质，一部分或全部流出该组分，但未离开系统，并最终返回该组分时，系统内发生了物质循环。循环物质（*FC*）占总输入物质（*Fi*）的比例，称为物质的循环效率（*EC*）（$EC=FC/Fi$），是衡量生态系统机能的重要指标。通过垃圾分类，能实现垃圾减量和回收再利用，在一定程度上也可减轻垃圾末端处置的压力，提高物质的循环效率。

（3）案例反思。

①案例实施的优点：引导学生利用专业知识模拟参与国家政策制定，明白政策制定原则：a. 从客观实际出发，以客观事实为依据；b. 以科学的理论为指导，按客观规律办事；c. 符合人民的利益，有利于社会主义物质文明和生态文明建设。

②案例实施的缺点：数据材料范围太大。

（4）育人效果与反馈。

学生对专业知识有了新的认识，对国家相关政策的制定及实施有了更深入的了解；在强化理论教学的同时，实现了价值引领和人文素质的有机结合。

《水资源利用与管理》“课程思政”教学案例

课程编号：302534 **课程类别：专业核心课**
适用专业：农业资源与环境
执 笔 人：郭家选 **参加人员：高凡**

《水资源利用与管理》是北京农学院农业资源与环境专业学生的专业核心课，主要讲授水资源利用与管理的基本概念和原理。课程中蕴含大量的思政元素，因而需要进行合理、巧妙而灵活的课程设计，深入挖掘课程中蕴含的思政元素，使学生在学习知识的同时，形成良好的品德和正确的价值观，从而促进学生的全面发展。在《水资源利用与管理》课程的教学中，笔者主要采用了以下案例进行课程思政。

案例一：

1. 案例主题：关键知识点和事件的学习，培养学生的民族自信心和责任感。

2. 结合章节：《绪论》。

3. 案例意义：通过历史上关于“水资源利用与管理”关键知识点和事件的学习，展现我国古代人民的智慧以及高超精湛的技艺水平，同时培养学生的民族自信心和责任感。

4. 案例描述：

《水资源利用与管理》的绪论课中，蕴含了大量的思政元素。例如，我国伟大的水利工程都江堰，至今仍在发挥着重要的作用。都江堰工程的设计和修建，展现了我国古代人民的睿智和远见卓识，是非常好的思政素材。通过思政要素的合理融入和讲授，可以培养学生的民族自信心和责任感。又如，浙江余姚的河姆渡井，是我国至今保存最完整的、最早的古井。河姆渡井由200多根圆木支撑，设计得非常巧妙，当暴雨发生时，能够保证水井外面的水不流入井中，充分展现了我国古代人民的智慧以及高超精湛的技艺水平。

案例二：

1. 案例主题：通过现场参观和上网查询，体会调水工程的艰辛，培养学生的节水意识。

2. 结合章节：《生活与工农业用水》《水资源的开发利用途径》。

3. 案例意义：通过让学生去调查京密引水渠及密云水库，不仅让学生了解水利工程对水资源的影响，而且还有助于他们形成节水意识。在此基础上，引导学生课后观看《水脉》，使学生认识到南水北调工程对中国和谐发展的重要性。

4. 案例描述：学生是课程思政的主体，要时时以学生为中心，很重要的一个方面就是要关注时事和学生的生活实践。大学生群体朝气蓬勃，对新鲜事物有兴趣而且敏感，与课程相关的时事更容易引起学生的共鸣，而学生的生活实践更能激发学生的兴趣。北京农学院农业资源与环境专业每年开始教授“水资源利用与管理”课程时刚好是3月。因此，可以在最初的几节课就给学生布置任务，让学生去观察京密引水渠及密云水库，并请学生搜集京密引水渠的渠道走向、沿途主要建筑物、密云水库蓄水量和上游来水的主要河流，以及其为北京城市供水发挥的重大效益相关信息。由于是学生身边的事物，学生都比较感兴趣，他们搜集到了近10年密云水库蓄水量的变化以及北京市地下水水位变化的数据，通过比较，发现密云水库的蓄水量和北京市地下水位从2016年以来呈现逐步上升的趋势。而后让学生自己分析原因，学生发现南水北调工程是一个很重要的影响因素。通过调查研究，学生不只理解了水利工程对水资源的影响，而且还形成了节水意识。在此基础上，引导学生课后观看以“南水北调工程建设”为主题的纪录片《水脉》，通过观看该纪录片，使学生认识到南水北调工程不仅为中国的和谐发展提供了核心动力，而且也向世界展现了人类怎样突破生存困境、谋求未来发展的卓越东方智慧。

《环境影响评价》“课程思政”教学案例

课程编号：302533 **课程类别：专业核心课**

适用专业：农业资源与环境

执 笔 人：高凡 **参加人员：郭家选、王敬贤**

2016 年 12 月，全国高校思想政治工作会议在北京召开，大会指出要把“思想政治工作贯穿教育教学全过程”，因此，“课程思政”成为实现专业教育与思政教育协同的重要环节。目前，环境影响评价已经成为人们关注的焦点，不管是环境影响评价从业者还是普通民众，都需要践行环保理念，为生态文明建设贡献一己之力。因此，将生态文明思想和可持续发展观融入《环境影响评价》教育教学全过程，让学生坚定环保信念，树立明确的职业道德和社会责任感，这样才能在今后的从业过程中保持热情，心向国家环保事业，在自己的工作岗位上兢兢业业，为美丽中国添砖加瓦。将社会主义核心价值观和可持续发展观融入课程教育，融入学生的潜在思想，让学生知道如何做环境影响评价的同时还知道做什么样的环境影响评价，是我们课程的更高层次的目标。在《环境影响评价》课程教学过程中开展思政教育，笔者主要以下述案例进行了探索和实践。

案例一：

1. 案例主题：只有高精度的计算结果，才能打赢蓝天保卫战。

2. 结合章节：第四章第一节《大气环境影响评价》。

3. 案例意义：高精度的计算结果才能得到客观的评价结果，使学生切实感受到只有认真学习，在将来的工作中把好环境影响评价的质量关，才能为美丽中国建设添砖加瓦，这也是今后践行生态文明建设的工作职责。

4. 案例描述：在《大气环境影响评价》章节中讲解“大气污染物产生量与排放量计算”这部分内容时，首先要求学生完成课堂作业，授课教师强调要注意计算精度，并用高精度的计算结果与最新的环境标准进行比对，才能得到客观的评价结果；接着学生完成计算和环境标准选取、比对，得出各自的评价结论和建议；最后教师针对结论和建议引导学生分析污染数据来源、防治方法，把坚决打赢蓝天保卫战与建设项目的环境影响评价等工作关联起来，使学生切实感受到践行生态文明建设就是今后工作的职责，认真工作、把好环境影响评价关，就是为美丽中国添砖加瓦。

案例二：

1. 案例主题：身边环境污染的调查与评价，坚定学生环保信念。

2. 结合章节：第二章第三节《环境污染源调查与评价》。

3. 案例意义：学生对发现身边的环境污染源比较感兴趣。让学生去观察及调查自己家及学校周边是否存在大气污染排气筒（如供热锅炉）、垃圾处理站（或填埋场）、污水排放口、噪声污染源等，并分析和提出解决的对策和建议。通过实践，学生不只理解了环境影响评价工作对各种建设项目的重要性，而且还有助于学生坚定环保信念，树立明确的职业道德和社会责任感。

4. 案例描述：

“环境影响评价”课程在最初的几节课就给学生布置任务，让学生去观察及调查自己家及学校周边是否存在大气污染排气筒（如供热锅炉）、垃圾处理站（或填埋场）、污水排放口、噪声污染源等，这些都是学生身边环境的污染源，学生都比较感兴趣。学生将这些收集和调查的详细数据进行分析比较，发现区域传输对大气污染影响显著，如京津冀及周边地区的大气污染；而后学生自己分析发现大气污染防治只有联防联控，深化区域协作，才能共同加快大气污染的综合治理。“垃圾围城”早已成为不可回避的都市病，许多大型填埋场都将面临填满被迫封场或不再接纳原生垃圾填埋的窘境，而后学生自己分析发现垃圾分类投放可以缓解填埋造成的环境污染。通过实践，学生不只理解了环境影响评价工作对各种建设项目的重要性，而且还有助于坚定环保信念，树立明确的职业道德和社会责任感。

《土壤资源调查与评价》“课程思政”教学案例

课程编号：302531 **课程类别：专业选修**
适用专业：农业资源与环境
执 笔 人：石生伟 **参加人员：刘云、梁琼**

案例一：

1. 案例主题：《土壤资源调查与评价》导论思政教育。

2. 结合章节：第一章《导论》第二节《保护土壤资源的意义》。

3. 案例意义：本节内容主要讲述土壤资源的概念和特性，要求学生了解土壤和土壤资源的概念，认识到保护土壤资源的重要性、土壤资源有限性及保护土壤资源的意义。我们在教学活动中增加鲜活的、现实的思政案例和思政元素，引入土壤学家开发保护我国土壤资源的历史，增加不同种类土壤保护与开发和土壤数量、质量退化严重的讨论环节，由此引导学生思考国家粮食安全基础和农业绿色发展的问题，让学生理解学好土壤资源学知识对于本专业的重要性。在案例选择上，我们选择了黑土地保护的“梨树模式”和不同的土壤保护开发案例进行讨论，极大活跃了课堂氛围，激发了学生的学习热情和爱国主义情怀，提高了学习成绩，使学生的个人学习与时代命运牢牢结合，实现了专业知识引导与价值教育培养的多重目标。

4. 案例描述：

（1）教学目的。

本章节重点讲述土壤资源有限性及保护土壤资源的重要意义，让学生充分认识到土壤是极为有限的资源，显示出土壤资源的珍贵性。

（2）教学具体内容。

展示土壤资源的有限性及重要性。在内容上应用最新的调查数据，例如2022年联合国粮农组织的报告显示，地球上现有耕地16.5亿公顷，其余可开垦为农用的土地约10亿公顷，在这些土壤资源中，11%的土壤对农业没有障碍或严重限制因子，已经出现中等和严重退化的土壤约占全球土壤总量的33%，预计到2050年，全球50%的人口受到土地退化影响。

（3）课程思政设计与实施。

在案例选择上，以我国东北黑土地为例。由于多年来对黑土资源的高强度利用，黑土层减薄、养分下降、耕层板结、水土流失等问题日益突出，引起黑土分布区各国的高度关注。我们以习近平总书记在吉林省四平市梨树县黑土保护区的考察为学习材料，讲述了黑土肥力丧失的原因、后果以及“梨树模式”相关技术措施的修复效果和保护黑土资源对粮食安全的重要意义。通过学习，学生充分认识到“采取有效措施切实把黑土地这个‘耕地中的大熊猫’保护好、利用好，使之永远造福人民”的重要意义。

在讲述土壤资源的开发与保护措施时，通过整理《地理中国》和《走近科学》等多个土壤资源保护的经典科教片，以4人小组为单位，设置了10个讨论话题，分别是：①黑土资源的保护与提高；②水稻土资源的保护与利用；③红壤资源的保护与利用；④菜地土壤的保护与改良利用；⑤盐渍土的改良措施；⑥黄土的水土流失治理与防治；⑦草原土壤资源的保护与利用；⑧森林土壤资源的改良利用；⑨湿地土壤资源的特点与资源化利用；⑩土壤生物资源的开发利用。通过对以上问题进行互动方式的讨论，学生加深了对土壤资源分布特点、利用方式和保护方案的认识，有效掌握了不同类型土壤的认识方法及常见土壤类型的典型特征。学生通过自己收集材料、分析材料，极大激发了学习的兴趣，加深了对本专业的认同感。

此外，我们引入土壤固碳对于中国实现碳排放“达峰”和“中和”的重要意义。这些内容是增强学生思政教育的重要环节。学生一致认为要学习保护土壤资源的技能，减少土壤碳排放，保护地球家园，为全球生态安全做出新贡献。这类课程思政教育素材对于培养学生的家国情怀、民族精神、专业使命感具有重要的引领作用。

案例二：

1. 案例主题：土壤资源调查野外实习思政教育。

2. 结合章节：《土壤资源调查野外实习任务开展》。

3. 案例意义：土壤资源调查技术性比较强，学生对野外实践感到陌生和畏惧。本节内容在野外实习中开展，要求学生掌握土壤学相关原理，掌握土壤调查野外考察仪器的使用方法，掌握土壤调查的准备工作的技术规程、要收集的内容、地形底图制作方法，参与土壤剖面的挖掘、观测、采样，理解土壤调查工作的重要性，熟悉收集数据的准备工作的操作流程，达到野外实习的目的。相关难点为土壤调查技术规程的制定。在野外实习环节穿插思政教育元素，锻炼学生在野外环境中吃苦耐劳的品质，培养学生科学的地球人地观和爱护环境的品质，锤炼不畏困难和团结协作的精神。

4. 案例描述：

（1）教学目的。

掌握土壤调查野外考察仪器的使用方法，掌握土壤调查的准备工作的技术规程、要收集的内容、地形底图制作方法，熟悉收集数据的准备工作的操作流程，合作完成野外土壤调查任务。

（2）教学具体内容。

①掌握野外仪器使用和土壤调查规则，培养学生动手能力，做到理论知识、动手能力和思政教育的有机结合，注重学生实践能力的培养，激发学生的学习热情，促进学生对理论知识的吸收。

②在组织形式上采用分组协作的方式，培养学生艰苦奋斗的生活作风、实事求是和团结协作的工作作风。

（3）课程思政设计与实施。

土壤调查野外实习中具有丰富的思政教育元素，具备开展思政教育的优势。在野外实习环节注重培养学生的动手能力。开展土壤资源调查野外实习学生必须掌握相关工具和仪器的使用方法（GPS、土壤图和土壤质量评价方法等）。每次野外实习开始前，教师需要对学生进行分组集中培训，确保实习过程中土壤调查工具和仪器的正确使用。在每一个具体的实习点，先由教师讲解土壤形成的主要过程，之后要求学生仔细观察土壤相应的属性，动手测量土壤性质和分布特征。通过观看相关视频资料，引用大量的图片和素材，深入浅出地进行室内培训，培养学生的土壤资源学思维能力。

在野外实习环节，充分利用北京市土壤资源比较丰富的优势，选取昌平土肥站和房山土肥站等作为野外实践基地，聘请土肥站专业技术人员讲解当地土壤资源现状和发展规划，让学生充分理解土壤资源的重要性和调查技能的应用。我们要求学生分组协作，每组专人负责一项观测任务（比如拍照、土壤采样和记录分析），要求学生严格按照操作流程高效地完成土壤调查任务。土壤调查野外实习工作量大，而且需要挖取不同土壤种类剖面采集样品。我们要求每个野外实习小组成员制定好计划，保持默契的配合，出现问题时成员需要维持良好的沟通协作。采用组长负责制和提问式野外实习评级评定办法。鼓励学生把课堂上学习到的理论知识应用到野外，进行野外实地分析，对土壤标本挖掘和辨认进行讨论。对于原创而又有个性的实习报告给予奖励。这些措施既有利于对理论知识的理解和掌握，又培养了学生吃苦耐劳的品质，增强了沟通协作能力。这些活动可以增进学生对地学专业对人类社会发展贡献意义的理解。

野外实习全部结束后，要求学生写一篇不少于 8 000 字的土壤资源调查与评价的实习报告。通过编写报告，对实习内容进行全面总结，可以将课堂理论知识和野外操作技能有机地联系在一起，使土壤资源学和调查技能知识得以巩固和系统化。在实习报告的编写过程中，极大地提高了学生查阅文献和写作的能力，为撰写毕业论文打下基础。

此外，我们利用土壤调查的科研项目，尽可能让本科生参与野外土壤调查工作。例如 2021 年暑期，在生物与资源环境学院团委和万科公益基金会的支持下，我们带领本科生开展了全国 8 个省 10 座城市，涉及 12 个大型住宅社区绿地土壤质量现状和障碍因素调查活动，让学生在实践中得到锻炼。通过野外实习，让学生亲眼见到祖国大地上有各种颜色的土壤，切实感受到了祖国地大物博和土壤资源丰富，深入理解"绿水青山就是金山银山"的深刻内涵和保护土壤资源对满足人民群众美好生活的重要支撑作用。学生野外实习中建立的团队意识对继续学习和工作都很有好处。

野外实践过程虽然辛苦，但我切实看到了祖国的秀美山川，亲眼看到各行各业人民群众在中国共产党的领导下向着美好生活不懈奋斗的身影。我深刻体会到农业资源与环境专业知识可以应用在绿地固碳和社区土壤改良建设中，我要为人民群众对美好生活的向往贡献自己的知识和汗水，践行青春报国的使命担当。

——2018 级　农业资源与环境　张福明

第一次"真刀实枪"地独立开展工作，我因感到有些惊慌失措而惴惴不安。石老师鼓励我要胆大心细，不畏困难，勇于实践。从北到南，我们亲眼见证了脚下土壤颜色和形态的明显变化。我们亲手触摸着这些不同的土壤，感受到不同地域间的土壤空间变化差异，聆听着老师对土壤问题的现场教学讲解，十几天行程下来收获了满满的知识，远比在课堂中死记硬背体会到的更加生动且深刻。作为生在红旗下、长在春风里的新一代资源与环境专业的学生，我愿用自己一份微薄的力量服务人民群众，为国家和社会做出贡献。愿以吾辈之青春，捍卫盛世之中华。

——2019级　农业资源与环境　马玥辉

《环境监测》“课程思政”教学案例

课程编号：40143012 **课程类别：专业核心课**

适用专业：农业资源与环境

执 笔 人：王敬贤 **参加人员：郭家选**

1. 案例主题：环境监测是打赢“蓝天、碧水、净土”保卫战的基础。

2. 结合章节：《绪论》。

3. 案例意义：通过介绍环境监测的概念、目的、分类、特点及环境标准的概念与作用，使学生了解环境监测在环境保护领域的重要性。认识到环境监测是评价和预测环境质量，管理控制污染，制定环境法规、标准、规划的主要依据和基础。

4. 案例描述：

（1）课程教学目标。

了解环境监测的目的、分类、内容、特点，理解环境监测在环境质量评价与预测、环境污染防治、环境管理与规划中的基础性作用。

（2）思政育人目标。

通过对环境污染现状和环境监测工作内容的介绍，引导学生重视环境保护工作，主动了解现有环境政策，关心环境问题，使学生体会到国家改善环境质量的决心；并深刻认识到环境监测是一门基础服务课程，环境监测工作是打赢“蓝天、碧水、净土”保卫战的基础。

（3）教学具体内容。

①环境与环境污染。环境是指影响人类生存和发展的各种天然的和经过人工改造的自然因素的总体，包括大气、水、海洋、土地、矿藏、森林、草原、湿地、野生生物、自然遗迹、人文遗迹、自然保护区、风景名胜区、城市和乡村等。环境包括自然环境和人为环境。环境污染是指由于自然及人为原因，有害物质或有害因子进入环境，并超过了环境的自净能力，从而使环境质量恶

化，对人体健康产生直接、间接或潜在威胁的现象。环境污染可以按污染物性质、污染物生成过程、污染物分布范围和污染方式进行分类。各种分类方式对环境监测后续布点、采样、保存、测定均有指导意义。

②环境监测的概念、目的与分类。环境监测是通过对影响环境质量因素的代表值的测定，确定环境质量（或污染程度）及其变化趋势。其目的是准确、及时、全面地反映环境质量现状及发展趋势，为环境管理、污染源控制、环境规划等提供科学依据。具体可归纳为：第一，根据环境质量标准，评价环境质量。第二，根据污染分布情况，追踪寻找污染源，为实现监督管理、控制污染提供依据。第三，收集本底数据，积累长期监测资料，为研究环境容量、实施总量控制、目标管理、预测预报环境质量提供数据。第四，为保护人类健康、保护环境、合理使用自然资源制订环境法规、标准、规划等服务。环境监测根据监测目的可以分为监视性监测、特定目的监测和研究性监测。不同的监测类型和应用场景不同。特定目的监测又分为污染事故监测、仲裁监测、考核验证监测和咨询服务监测。根据不同的需要进行选择。

（4）案例教学设计如表 1 所示。

表 1　案例教学设计

教学内容	思政要素切入点	育人目标
通过讲述一些环境污染事件和社会普遍关注的环境热点问题，使学生认识到环境现状的严峻性和环境保护的重要性	环境污染已成为阻碍我国经济发展的主要问题。习近平同志多次讲话提到环境保护的重要性，先后提出“五位一体”总体布局、生态文明建设和“绿水青山就是金山银山”的理念，充分显示了环境保护在社会发展中的重要性	引导学生重视环境问题，认识到环境保护的重要性，树立正确的世界观和自然观，增强环保意识和作为环保人的社会责任感
环境监测的目的是准确、及时、全面地反映环境质量现状及发展趋势，为环境管理、污染源控制、环境规划等提供科学依据。在环境保护各项工作中起基础性作用	在“蓝天、碧水、净土”保卫战中，首先要有监测数据网络对环境质量进行实时监控，其次需要有高效的环保技术，最后还要有切实可行的环境管理制度。其中环境监测数据是一切行动的基础和依据	使学生认识到在环境保护的各项工作中，环境监测是基础，是环保工作中不可或缺的环节，学好环境监测能为打赢“蓝天、碧水、净土”保卫战贡献力量

（5）实施过程。

在绪论一章中，利用环境污染问题使学生了解目前我国环境问题的现状，并通过一系列环境政策法规的介绍，使学生了解国家对环保工作的重视程度，最后通过学习环境监测的目的、内容和作用使学生了解环境监测在环境保护工作中的基础性作用。

通过学习课程使学生树立正确的世界观、自然观，增强环保意识和社会责任感，认识到环境监测课程在环保工作中的地位，提高学生学习的兴趣和主动性。

《土壤地理学》“课程思政”教学案例

课程编号：10141011 **课程类别：专业核心课**
适用专业：农业资源与环境
执 笔 人：张力匀 **参加人员：张力匀**

1．案例主题：勇于探索，求真山水——徐霞客精神与土壤地理学。

2．结合章节：第二章《中国土壤形成的地理基础》。

3．案例意义：“土壤地理学”是土壤科学和自然地理学的交叉学科，其教学包含课堂讲授、实验室分析和野外实习三个环节，综合性、实践性、生产性很强。因此，积极挖掘该课程蕴含的丰富思政元素不仅能充实课堂和实践教学内容，还能激发学生的科学精神、责任感和爱国主义情怀，提升全面育人的效果。第二章《中国土壤形成的地理基础》这部分内容，主要讲述中国土壤形成的气候因素、地势与地貌、成土母质、植被因素以及人类活动。这些内容离不开我国从古至今地理学家和土壤学家的不懈努力，从明代地理学家徐霞客到近现代多位土壤地理学家，为土壤地理学科贡献了巨大的力量。将徐霞客精神融合到土壤地理学中，让学生热爱祖国，献身科学，为国家建设做贡献，引导学生树立正确的价值观。

4．案例描述：

（1）教学具体内容。

本章主要讲述我国土壤形成的气候因素、地势与地貌、成土母质、植被因素以及人类活动，重点内容为影响中国土壤形成的因素以及中国土壤的地理分布规律。土壤地理学是一门与实践联系很紧密的课程。我国明代地理学家徐霞客游历考察三十多年，在完全没有他人资助的情况下，先后四次进行了长距离的跋涉，足迹遍及相当于现代的江苏、浙江、山东、山西、陕西、河北、河南、安徽、江西、福建、广东、湖南、湖北、广西、贵州、云南、北京、天津、上海等21个省（市、自治区），足迹遍布大半个中国。更可贵的是，在三十多年的旅行考察中，他主要是靠徒步跋涉，连骑马乘船都很少，还经常自己背着行李赶路。他寻访的地方，多是荒凉的穷乡僻壤，或是人迹罕至的边疆地区，几次遇到生命危险，出生入死，尝尽了旅途的艰辛。

徐霞客的游历，并不是单纯为了寻奇访胜，更重要的是为了探索大自然的奥秘，寻找大自然的规律。他在山脉、水道、地质和地貌等方面的调查和研究都取得了超越前人的成就。

（2）教学方法。

①以《徐霞客游记》为基础，结合多媒体，放映徐霞客的相关纪录片。使学生有目的地阅读与学习，在掌握专业知识技能的同时，感悟徐霞客热爱祖国、献身科学和笃行求真的精神。

②利用徐霞客游记引入课程内容，讲述土壤地理学相关知识，使学生结合专业知识与前人经验，对课程有更加深入的学习。

③组织课堂讨论，让大家深刻理解徐霞客笃行求真、勇于探索、献身科学的精神，培养学生正确的人生观与价值观。

图书在版编目（CIP）数据

农林高校专业课程融入思政教育的探索实践：北京农学院生物与资源环境学院课程思政优秀案例 / 袁中立主编. —北京：中国农业出版社，2023.11
ISBN 978-7-109-31301-9

Ⅰ.①农…　Ⅱ.①袁…　Ⅲ.①高等学校－思想政治教育－研究－北京　Ⅳ.①G641

中国国家版本馆CIP数据核字（2023）第204707号

中国农业出版社出版
地址：北京市朝阳区麦子店街18号楼
邮编：100125
责任编辑：边　疆
版式设计：杨　婧　　责任校对：张雯婷
印刷：北京中兴印刷有限公司
版次：2023年11月第1版
印次：2023年11月北京第1次印刷
发行：新华书店北京发行所
开本：700mm×1000mm　1/16
印张：9.25
字数：156千字
定价：58.00元